Dr. Petra Ambrosius • Monika Cremer • Silvia Faller • Anne Iburg • Yu-Mi Lee

kochen & backen für Diabetiker

Fachliche Beratung durch Prof. Dr. Hans Hauner

Bassermann

Hinweise zum Buch

Jodsalz

Deutschland ist nach der Definition der Weltgesundheitsorganisation (WHO) ein Jodmangelgebiet. Deshalb empfehlen wir die Verwendung von Jodsalz.

Bitte beachten Sie

Die Rezepte und Ratschläge in diesem Buch stammen von Fachleuten, sind erprobt und richten sich in erster Linie an (übergewichtige) Typ 2-Diabetiker. Auch Typ 1-Diabetiker finden hier eine Vielzahl an gesunden und berechneten Rezepten, die sie in ihren täglichen Speiseplan einplanen können.

Die Rezepte wurden auf der Grundlage der aktuellen Empfehlungen entwickelt. Beachten Sie aber, dass jeder Organismus anders reagiert und die Ratschläge unter Umständen individuell angepasst werden müssen. Besprechen Sie deshalb die Empfehlungen, die in diesem Buch gegeben werden, vorher mit Ihrem Arzt – insbesondere, wenn Sie blutzuckersenkende Tabletten oder Insulin nehmen oder wenn Sie erst seit kurzem Diabetiker sind.

Ernährungsempfehlungen für Diabetiker

Dieses Buch wurde auf der Grundlage der Ernährungsempfehlungen entwickelt, die die europäische Studiengruppe für Diabetes und Ernährung im Jahr 2000 für Diabetiker herausgeben hat. Die Deutsche Diabetes-Gesellschaft hat sich diesen Empfehlungen angeschlossen. Die bisherigen Empfehlungen wurden dabei nicht ersetzt, sondern in wesentlichen Teilen vor allem neu gewichtet. Die wichtigste Botschaft lautet: Die Ernährungsempfehlungen für Menschen mit Diabetes entsprechen im Grunde einer gesunden, ausgewogenen Kost, die für die ganze Familie empfehlenswert ist. Nachfolgend finden Sie einige einfache Tipps für jeden Tag.

Tipps für jeden Tag

- Mehrmals täglich Gemüse und Salat
- Mehrmals täglich Frischobst
- Häufiger Hülsenfrüchte
- Getreideprodukte bevorzugt aus ganzen Körnern
- Täglich fettarme Milchprodukte
- Fisch mehrmals pro Woche
- Fettarme Fleisch- und Wurstwaren und weniger davon
- Wenig Fett bei der Nahrungszubereitung, Öle bevorzugen
- Sparsamer Umgang mit Konfekt, Schokolade und industriell gefertigtem Gebäck

Zur Berechnung der Kohlenhydrate

Die Kohlenhydrate wurden anhand der KH-Tabelle für Diabetiker von Schumacher/Toeller (Kirchheim Verlag, 5. Auflage 2000) berechnet. Als Schätzhilfe haben wir die so genannte Kohlenhydratportion (KH-P) angegeben. Diese entspricht 10 bis 12 Gramm Kohlenhydraten und ist im Grunde gleichbedeutend mit der alten »Broteinheit« (BE).

Bitte beachten Sie, dass der Kohlenhydratgehalt von Gemüse und Salaten (Ausnahmen: Erbsen, Mais, Rote Bete) in der KH-P-Berechnung nicht berücksichtigt wurde, da dieser den Blutzuckerspiegel nicht oder nur wenig erhöht.

Die wichtigsten Kohlenhydrat-Lieferanten, wie Kartoffeln, Reis, Nudeln oder Mehl wurden zum genauen Auswiegen in Gramm angegeben; Gemüse und Obst finden Sie dagegen meist als käufliche Rohware. Bei den Kartoffeln wurde ein Schälverlust von etwa 20 % berücksichtigt.

Inhalt

Desserts und Süßspeisen

Backen – süß und pikant

Vorwort

Der Diabetes mellitus (die Zuckerkrankheit) ist in Deutschland eine Volkskrankheit. Knapp 6 Millionen Bundesbürger werden wegen eines Diabetes behandelt, viele andere leiden an dieser Erkrankung ohne davon zu wissen. Bei den meisten Betroffenen liegt ein so genannter Typ 2-Diabetes vor. Bei diesen Personen kommt es vor allem infolge einer falschen Ernährung, durch Übergewicht und zu wenig Bewegung zur Zuckerkrankheit. Wenn die Ursachen beseitigt werden können, bessern sich die Blutzuckerwerte und lassen sich oft sogar ohne Medikamente gut einstellen. Eine Heilung ist allerdings nicht möglich, sodass die Ernährung auf Dauer umgestellt werden muss.

In der Behandlung des Diabetes spielt die richtige Ernährung somit eine wichtige Rolle, ja sie entscheidet über den Behandlungserfolg. Es ist aber im Alltag nicht einfach, seine Ernährungsgewohnheiten auf Dauer zu verändern, nicht zuletzt deshalb, weil wir ständig von verführerischen Nahrungsmitteln umgeben sind, die leider für Menschen mit Diabetes oft nicht günstig sind. Erfreulicherweise gibt es in der Diabeteskost heute keine strengen Verbote mehr. Sie entspricht im Grunde einer gesunden Ernährung, die jedem Menschen empfohlen werden kann. Das schließt den Genuss von Kuchen und Desserts mit ein.

Ich bin überzeugt, dass Sie bei der breiten Auswahl hervorragender Rezepte in diesem Buch einige finden werden, die Ihren Speiseplan bereichern und Ihnen gleichzeitig die Einstellung Ihrer Diabetes erleichtern.

Prof. Dr. med. Hans Hauner

Zum Krankheitsbild

Insulin – das Schlüsselhormon

Der Begriff »Diabetes mellitus« stammt aus dem Griechischen und bedeutet »honigsüßer Durchfluss«. Es handelt sich dabei um eine Stoffwechselerkrankung, bei der entweder nicht genügend eigenes Insulin gebildet wird (Diabetes Typ 1) oder das ausreichend vorhandene Insulin nicht schnell genug freigesetzt werden kann bzw. an den Zielgeweben Muskel, Leber und Fettgewebe nicht richtig wirkt (Diabetes Typ 2).

Der Körper benötigt das Hormon Insulin, um damit wie mit einem Schlüssel die Türen der Körperzellen zu öffnen und Zucker aus dem Blut einzuschleusen. Der Zucker dient den Zellen als Energiequelle und wird dort verbrannt. Bei Diabetikern fehlt also entweder der Schlüssel ganz, oder er kann die Tür nicht aufsperren. Als Folge steigt der Zucker im Blut an und kann Symptome wie starkes Wasserlassen, Durstgefühl und Müdigkeit verursachen. Bei dauerhaft erhöhten Blutzuckerwerten können sich auch Spätfolgen wie Nierenschäden oder Durchblutungsstörungen einstellen.

Typ 1-Diabetes

Der Typ 1-Diabetes tritt oft schon im Kindes- und Jugendalter auf, bei mindestens zwei Dritteln der Patienten noch vor dem 35. Lebensjahr. Hier kommt es durch eine Störung des Immunsystems zum Untergang der Insulin produzierenden Zellen in der Bauchspeicheldrüse. Die Bauchspeicheldrüse ist damit nicht mehr in der Lage, Insulin herzustellen. Das fehlende Hormon muss ersetzt, also regelmäßig von außen zugeführt werden. Eine Insulintherapie ist daher beim Typ 1-Diabetiker das ganze Leben lang erforderlich.

Viele Diabetiker sind verunsichert, wenn sie von ihrer Krankheit erfahren. Das ist verständlich. Doch die Diagnose Diabetes muss nicht zum Verlust von Lebensqualität führen. Sie selbst können viel tun, wenn Sie beginnen, ausgewogener zu essen und sich mehr zu bewegen.

Ob ganz oder in Stücken – Äpfel sind ideal für zwischendurch.

Kartoffeln am besten in der Schale kochen, das schont empfindliche Vitamine und Mineralstoffe.

Knackiges Gemüse und frisches Obst schmecken nicht nur köstlich, sie bringen auch Farbe und Abwechslung auf den Tisch. Sie versorgen uns außerdem mit vielen wertvollen Vitaminen, Mineral- und Pflanzenstoffen, die fit machen und die Abwehrkräfte steigern. Deshalb täglich genießen.

Typ 2-Diabetes

Im Gegensatz zum Typ 1-Diabetes tritt der Typ 2-Diabetes bei weitem häufiger auf. In der Regel beginnt er schleichend nach dem 35. Lebensjahr. Hier sieht es ganz anders aus, denn der Körper ist durchaus noch in der Lage, eigenes Insulin zu produzieren. Doch dieses kann nach einer Mahlzeit entweder nicht bedarfsgerecht freigesetzt werden, oder aber das Hormon wirkt nicht richtig. In beiden Fällen kann der Zucker nicht in ausreichendem Maße aus dem Blut in die Zellen geschleust werden. Die Zellen müssen sozusagen »verhungern«, obwohl eigentlich genug Zucker im Blut vorhanden ist. Dieses Phänomen der gestörten Insulinempfindlichkeit wird von Fachleuten als Insulinresistenz bezeichnet.

Typ 2-Diabetes kann in diesem frühen Stadium gut mit einer richtigen Ernährung und ausreichend Bewegung behandelt werden. Wird dies allerdings versäumt, kommt es auf Dauer zu einer Überbeanspruchung der Bauchspeicheldrüse: Denn um der mangelnden Wirkung des Insulins entgegenzuarbeiten, wird von der Bauchspeicheldrüse immer mehr Insulin ausgeschüttet, um den Blutzucker zu senken. Diese Überbeanspruchung kann dazu führen, dass sich die Insulinproduktion erschöpft. Je nach Schweregrad des Insulinmangels muss dann mit Medikamenten oder Insulin behandelt werden.

Diabetes und Übergewicht

80 – 90 % der Typ 2-Diabetiker sind übergewichtig. Wenn Sie zu dieser Gruppe gehören, sollten Sie sich zum obersten Ziel machen, zumindest einen Teil Ihres Übergewichts abzubauen. Überernährung, Übergewicht und Bewegungsmangel verstärken die Insulinresistenz oder lösen sie sogar aus. Jedes Pfund, das Sie an Gewicht verlieren, verbessert dagegen die Insulinwirkung und verzögert oder verhindert die Behandlung mit Medikamenten.

Muss ich abnehmen?

Eine einfache Methode zur Einschätzung des Körpergewichts ist der so genannte Body Mass Index (BMI). Der BMI errechnet sich aus dem Körpergewicht in Kilogramm geteilt durch die Körpergröße in Meter zum Quadrat.

Mithilfe des Diagramms auf der Seite 12 können Sie Ihren BMI ganz leicht selbst bestimmen. Liegt er zwischen 18,5 und 25, sind Sie normalgewichtig. Bei einem BMI bis 30 gilt man als übergewichtig und bei über 30 spricht man von deutlichem Übergewicht bzw. Adipositas.

Langsam abnehmen – auf Diäten verzichten

Gewiss – Abnehmen ist nicht einfach, aber auch nicht unmöglich. Wichtigste Ansatzpunkte sind eine fettarme Ernährung und mehr körperliche Bewegung.

Natürlich geht das Abnehmen nicht von heute auf morgen. Lassen Sie sich Zeit und verlieren Sie nicht den Mut! Schließlich wollen Sie Ihr Essverhalten ändern, an das Sie sich schon seit Jahren, wenn nicht gar Jahrzehnten gewöhnt haben. Verzichten Sie unbedingt auf Hungerkuren und einseitige Diäten. Sie werden damit zwar kurzfristig abnehmen, aber sobald Sie aufhören, steigt Ihr Gewicht schnell wieder an. Viele nehmen nach solchen Gewaltkuren sogar mehr an Gewicht zu als sie zuvor hatten.

Übergewicht abbauen – ein wichtiger Schritt für die meist übergewichtigen Typ 2-Diabetiker. Nur so kann der Diabetes optimal eingestellt und Spätfolgen so weit wie möglich vermieden werden.

Tomaten: Kalorienarm und vielseitig zu verwenden.

Vollkornbrot mit Quark und Kräutern schmeckt auch ohne Streichfett. ▶

Die Fettgehalte in Wurst, Käse, Schokolade oder Nüssen werden leicht unterschätzt. Da hilft nur, Packungsaufschriften studieren und evtl. eine Kalorientabelle zur Hand nehmen.

Beim Fett sparen

Was die Ernährung betrifft, lautet der erste Tipp für übergewichtige Typ 2-Diabetiker, so sparsam wie irgend möglich mit Fett umzugehen. Denn 1 Gramm Fett liefert ganze 9,3 Kilokalorien, während 1 Gramm Kohlenhydrate oder Eiweiße lediglich 4,1 Kilokalorien enthalten. Eine fettarme Ernährung ist daher fast immer auch kalorienarm.

Sparen sollten Sie zunächst einmal beim sichtbaren Fett, z. B. indem Sie Butter oder Margarine nur ganz dünn aufs Brot streichen oder Fett beim Kochen sparsam einsetzen. Achten Sie aber auch auf die »versteckten« Fette z. B. in Wurst, Käse oder Schokolade. Sie sollten fettärmere Wurst- und Käsesorten aussuchen, etwa Geflügelwurst oder Schinken ohne Fettrand.

Viel Gemüse, Obst und Vollkorn

Für alle, die abnehmen wollen, hat eine Kost, die reichlich Gemüse, Hülsenfrüchte, Vollkornprodukte und Obst enthält unschätzbare Vorzüge: Sie ist nicht nur reich an Vitaminen, sondern auch an Ballaststoffen, die im Darm aufquellen, da sie viel Flüssigkeit binden. Das verleiht ein lang anhaltendes Sättigungsgefühl bei gleichzeitig geringer Energieaufnahme, denn Ballaststoffe liefern so gut wie keine Kalorien.

Muss ich abnehmen?

Viele Typ 2-Diabetiker sind übergewichtig. Eine einfache Methode zur Beurteilung des Körpergewichts ist der so genannte Body Mass Index (BMI). Der BMI setzt Größe und Gewicht eines Menschen nach folgender Formel zueinander in Beziehung:

$$\text{BMI} = \frac{\text{Körpergewicht (kg)}}{\text{Körpergröße (m) zum Quadrat}}$$

Mithilfe des nachfolgenden Diagramms können Sie Ihren BMI ganz leicht selbst bestimmen. Nehmen Sie ein Lineal zur Hand. Legen Sie dieses in dem Diagramm links an Ihrer Körpergröße an und verbinden Sie das Lineal mit Ihrem Gewicht auf der rechten Seite. An der Skala in der Mitte können Sie dann Ihren BMI-Wert ablesen. Beispiel: Wenn Sie 1,65 m groß sind und 75 kg wiegen, dann ermitteln Sie einen BMI von 27.

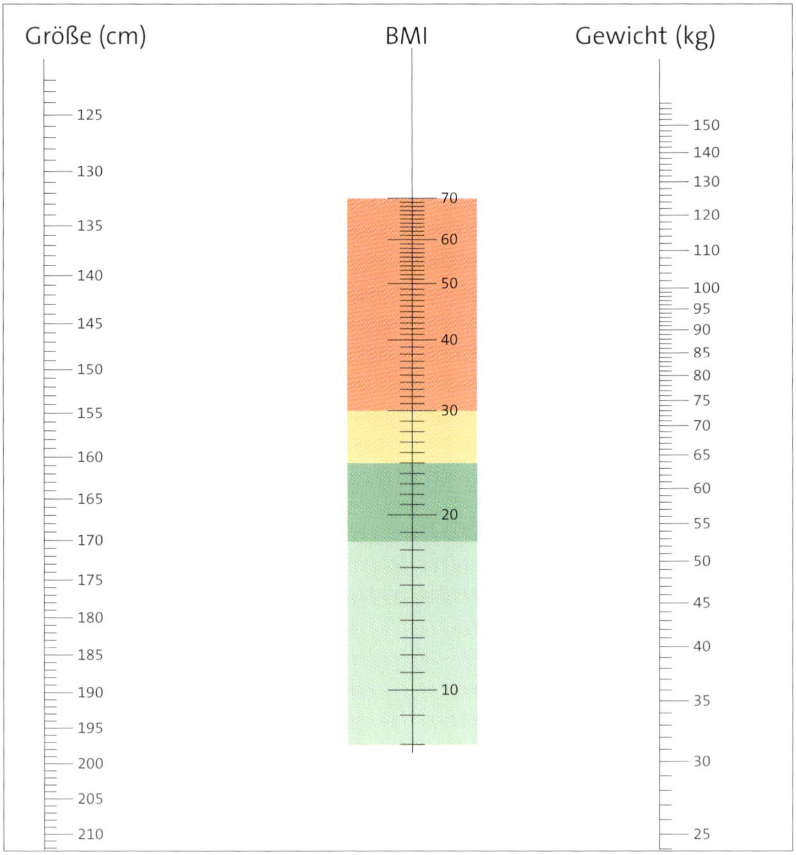

Das bedeutet der BMI

18,5 bis 25
Sie sind normalgewichtig und können weitgehend essen, worauf Sie Lust haben, solange Ihre Ernährung ausgewogen ist.

25 bis 30
Sie haben Übergewicht und sollten sich vornehmen, langfristig abzunehmen. Achten Sie dabei vor allem auf eine fettarme Kost.

30 und darüber
Sie sind stärker übergewichtig und sollten unbedingt abnehmen. Damit können Sie Ihre Blutzuckerwerte deutlich verbessern und oft sogar Medikamente einsparen. Auch andere Störungen, z. B. ein hoher Blutdruck, bessern sich. Holen Sie sich professionelle Hilfe bei einem Spezialisten, wenn Sie allein nicht klarkommen.

Lebensmittel zum Sattessen – am besten aus Vollkorn.

Die richtige Ernährung

Die richtige Ernährung für Diabetiker ist eine gesunde, ausgewogene und vollwertige Mischkost, wie sie auch jedem Nicht-Diabetiker empfohlen wird. Als Diabetiker müssen Sie nur zusätzlich darauf achten, dass Sie Medikamente und Mahlzeiten aufeinander abstimmen und dass Sie – auch wenn Sie abnehmen möchten – immer wenigstens 3 Mahlzeiten am Tag einnehmen.

Reichlich Kohlenhydrate auf den Teller

Kohlenhydrate sind wichtige Energielieferanten. Sie sind hauptsächlich in pflanzlichen Lebensmitteln enthalten. Etwa die Hälfte des täglichen Kalorienbedarfs sollte durch Kohlenhydrate gedeckt werden. Bei einem Tagesbedarf von 2000 Kilokalorien entspricht das 250 – 300 Gramm Kohlenhydraten. Sie können sich also mit reichlich Gemüse, Hülsenfrüchten, Kartoffeln, Getreideprodukten und Obst relativ satt essen.

Zur besseren Einschätzung des Kohlenhydratgehalts ihrer Mahlzeiten können Sie mit Kohlenhydratportionen (KH-P) rechnen. Ein Muss ist das aber nur für diejenigen, die Insulin spritzen oder Sulfonylharnstoffe nehmen. 1 KH-P entspricht 10 bis 12 Gramm Kohlenhydraten, womit diese Einheit im Grunde gleichbedeutend ist mit der alten »Broteinheit« (BE). Es werden verschiedene Kohlenhydrat-Tabellen angeboten, mit deren Hilfe Sie die gewünschten Kohlenhydratmengen gut abschätzen können.

Der Essensplan eines Diabetikers ist heute keine spezielle Diät mehr, sondern folgt den Regeln einer gesunden, ausgewogenen und vollwertigen Ernährung, die auch für Nicht-Diabetiker empfehlenswert ist.

Ballaststoffe – alles andere als Ballast

Auch die Ballaststoffe gehören zur Gruppe der Kohlenhydrate. Sie sättigen nicht nur gut, sondern tragen auch dazu bei, dass der Blutzuckerspiegel nicht zu schnell und zu stark ansteigt, denn aus ballaststoffreichen Lebensmitteln wird der Zucker nur langsam herausgelöst. Mehr Vollkornbrot, Naturreis und Gemüse sorgen so für ein ausgeglichenes Blutzuckerprofil.

Auf die Fettqualität kommt es an

Nicht allein die Menge ist beim Fett entscheidend, es kommt auch auf die Zusammensetzung an. Pflanzliche Öle und Fette sind grundsätzlich günstiger zu bewerten als tierische. Daneben ist zwischen gesättigten, einfach ungesättigten und mehrfach ungesättigten Fettsäuren zu unterscheiden. Je nach ihrem Anteil hat das jeweilige Fett eine eher harte oder eine flüssige Konsistenz.

Tierische Fette und feste Pflanzenfette wie Kokosfett enthalten viele gesättigte Fettsäuren. Sie sollten nur in geringen Mengen verzehrt werden, da gesättigte Fettsäuren den Cholesterinspiegel im Blut erhöhen, wodurch das Risiko für Herz-Kreislauf-Erkrankungen steigt. Der Anteil an gesättigten Fettsäuren sollte deshalb unter 10% der Gesamtkalorien bleiben.

Pflanzliche Öle enthalten dagegen reichlich ungesättigte Fettsäuren und sind damit flüssig. Sie sollten bevorzugt eingesetzt werden, da sie den Fettstoffwechsel günstig beeinflussen. Besonders vorteilhaft sind Oliven- und Rapsöl, da diese einen hohen Gehalt an einfach ungesättigten Fettsäuren aufweisen. Öle mit einem hohen Gehalt an mehrfach ungesättigten Fettsäuren wie Keimöl oder Sonnenblumenöl können ebenfalls verwendet werden. Beachten Sie aber, dass ungesättigte Fettsäuren ebenso viele Kalorien enthalten wie gesättigte und Sie deshalb auch mit diesen sparsam umgehen sollten, wenn Sie Übergewicht haben.

Verschiedene Öle und ihre Zusammensetzung

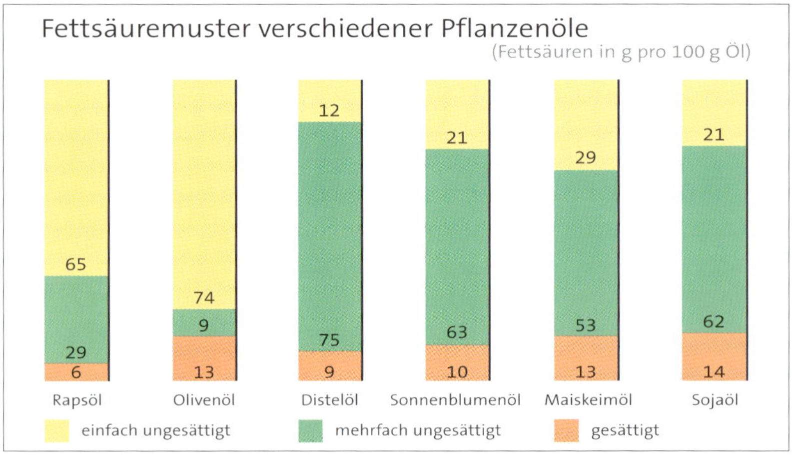

Auch Bewegung ist wichtig. Sie hilft beim Abnehmen und verbessert zusätzlich die Insulinwirkung. Werden Sie deshalb aktiv und gehen, wandern oder schwimmen Sie. Viel Spaß macht Bewegung auch in einer Gruppe von Gleichgesinnten.

Mit Mineralwasser verdünnte Fruchtsäfte schmecken besonders erfrischend.

Butter, Margarine oder Öl? Beim Fett entscheidend sind Menge und Zusammensetzung.

Eiweiß – Maß halten ist gerade richtig

Eiweiß liefert dem Körper vor allem Baumaterial für die Zellen. Viele pflanzliche Produkte, z. B. Hülsenfrüchte, Getreide und Kartoffeln, enthalten nennenswerte Mengen an Eiweiß. Die wichtigsten Eiweißlieferanten sind aber tierische Lebensmittel. Mit Fleisch, Wurst, Käse und Eiern verzehren wir leider gleichzeitig auch hohe Mengen an gesättigten Fettsäuren und Cholesterin. Genießen Sie diese Lebensmittel deshalb in Maßen. Seefisch sollten Sie aber öfter essen. Er liefert neben wertvollem Eiweiß auch Jod, das viele Stoffwechselvorgänge reguliert, sowie mehrfach ungesättigte Omega-3-Fettsäuren, die unter anderem den Fettstoffwechsel verbessern.

Trinken – was, wann, wie viel?

Ein gesunder Mensch kann zwar wochenlang ohne Essen überleben, aber nur wenige Tage ohne Flüssigkeit – das zeigt, wie wichtig eine ausreichende Flüssigkeitszufuhr ist. Doch viele Menschen vergessen einfach, genug zu trinken, nicht zuletzt auch, weil mit zunehmendem Alter das Durstgefühl nachlässt.

Wasser wird für lebensnotwendige Abläufe gebraucht, z. B. für den Transport von Energie in die Zellen, die Energieverwertung, den Abtransport von Abfallprodukten sowie die Regelung der Körpertemperatur. Achten Sie daher stets darauf, täglich etwa 2 Liter Flüssigkeit zu trinken – am besten in Form von Mineralwasser, Früchte- und Kräutertees sowie verdünnten Fruchtsäften. Wenn Sie Cola oder Limonade trinken wollen, sollten Sie sich auf süßstoffgesüßte Sorten beschränken.

Alkoholische Getränke zählen zwar nicht zur Trinkmenge, für viele gehören sie aber ab und an dazu. Entsprechend den Empfehlungen für eine allgemein gesunde Lebensweise sollten auch Diabetiker Alkohol nur in geringen Mengen trinken: 1–2 kleine Gläschen trockener Wein oder Bier zum Essen sind erlaubt. Wer mit Insulin oder blutzuckersenkenden Medikamenten (Sulfonylharnstoffen) behandelt wird, sollte Alkoholisches jedoch nur in Verbindung mit kohlenhydrathaltigen Mahlzeiten einnehmen, da sonst die Gefahr einer Unterzuckerung besteht. Beachten Sie auch, dass Alkohol viele zusätzliche Kalorien liefert (1 Gramm Alkohol enthält 7 Kilokalorien).

Diabetikerprodukte werden nicht mehr empfohlen. Essen Sie stattdessen »normale« Produkte, wenn Sie einmal Lust auf Süßes haben. Diese kosten meist weniger und schmecken auch besser – trotzdem nur selten und in kleinen Mengen genießen.

Schlechte Noten für Diabetikerprodukte

Obwohl Diabetikerprodukte die Aufschrift »für Diabetiker geeignet« tragen, können sie nicht empfohlen werden. Sie enthalten oftmals große Fettmengen und dementsprechend viele Kalorien. Die hohen Preise von Diabetikerprodukten sind ein Grund mehr, sie im Regal stehen zu lassen.

Zucker, Zuckeraustauschstoffe, Süßstoffe

Zucker ist für Diabetiker nicht mehr grundsätzlich verboten, bis zu 30–50 Gramm am Tag können ohne Probleme verzehrt werden. Der Zucker sollte allerdings in Mahlzeiten »verpackt« sein.

Zuckeraustauschstoffe lassen zwar die Blutzuckerwerte nicht ganz so rasch ansteigen, haben aber ebenso viele (Fruchtzucker/Fruktose) oder fast so viele (Sorbit, Xylit, Lactit, Mannit, Isomalt) Kalorien wie Haushaltszucker. Außerdem können sie bei größeren Mengen Verdauungsbeschwerden auslösen. Daher werden Zuckeraustauschstoffe inzwischen nicht mehr empfohlen. Wer beim Süßen Kalorien und Kohlenhydrate sparen möchte, sollte Süßstoffe verwenden. Die bekanntesten sind Saccharin, Cyclamat, Aspartam und Acesulfam-K. Sie sind kalorienfrei und in jeder Hinsicht unbedenklich (einzige Ausnahme: Kein Aspartam bei Phenylketonurie).

Etwas Zucker zum Süßen von Speisen ist heute erlaubt.

Hinweise zu den Rezepten

Die Abkürzungen

TL	=	Teelöffel (gestrichen)
EL	=	Esslöffel (gestrichen)
Msp.	=	Messerspitze
g	=	Gramm (1000 g = 1 kg)
kg	=	Kilogramm
ml	=	Milliliter (1000 ml = 1 l)
l	=	Liter
kcal	=	Kilokalorien
E	=	Eiweiß
F	=	Fett
KH	=	Kohlenhydrate
KH-P	=	Kohlenhydrat-Portion
F. i. Tr.	=	Fett in Trockenmasse
ca.	=	circa
°C	=	Grad Celsius
TK	=	Tiefkühl
Ø	=	Durchmesser

Portionsgrößen

Die Rezepturen sind, mit wenigen Ausnahmen, auf 2 Personen ausgelegt. Wenn Sie für mehr oder weniger Personen kochen, erhöhen oder verringern Sie die Zutatenmengen einfach entsprechend.

Zubereitungszeit

Hier steht die Zeit, die Sie benötigen, um das ganze Gericht vorzubereiten. Garzeiten werden getrennt aufgeführt.

Kalorien- und Nährwertangaben

Sie beziehen sich immer auf eine Portion des Gerichts. Bitte beachten Sie, dass Nährwertangaben je nach Datengrundlage variieren können. Außerdem unterliegen die Inhaltsstoffe ein und desselben Lebensmittels natürlichen Schwankungen. Unsere Angaben sind deshalb als Durchschnittswerte anzusehen.

Zutatenmengen

Wenn nicht anders angegeben, gelten bei Obst und Gemüse die Angaben für ungeputzte Rohware. Bei Stückangaben (z. B. Zucchini, Paprikaschote, Brotscheiben) bezieht sich die Angabe auf ein Stück mittlerer Größe.

Backofentemperaturen

Sie beziehen sich auf den Elektroherd mit Ober- und Unterhitze. Wenn Sie mit Umluft arbeiten, reduzieren Sie die Temperatur um 20 %. Die Backzeit bleibt gleich. Haben Sie einen Gasofen, richten Sie sich bitte nach den Herstellerangaben.

Vorspeisen und Hauptgerichte

Kochen für Diabetiker – gesund und gut organisiert

Leckere und schnelle Gerichte sind auch in der Diabetiker-Küche möglich. Vorbei sind die Zeiten, als Diabetiker dachten, diätgerechte Mahlzeiten seien nur mit viel Aufwand zuzubereiten. Experten empfehlen heute in erster Linie eine gesunde, ausgewogene Mischkost, wie sie für jeden Menschen günstig ist. Und weil die Zeit ja doch meist knapp ist, hier ein paar Tipps für die schnelle Küche:

Wer zu den Könnern der Blitzküche gehören will, muss gut planen und organisieren können. Gezielte Auswahl der Grundzutaten, gekonnte Vorratshaltung sowie ein Wochenspeiseplan und Einkaufslisten sind wichtige Hilfen.

Die richtige Lebensmittelauswahl

Nicht mit jedem Lebensmittel lässt sich schnell ein Gericht zaubern. Reis und Nudeln sind schneller gekocht als Salzkartoffeln. Gemüsesorten, bei denen es wenig zu putzen gibt und die keine langen Garzeiten haben, z. B. Tomaten, Gurken und Zucchini, sind typische Blitzgerichtzutaten.

Praktische Hilfen in der schnellen Küche sind auch Halbfertiggerichte. Besonders geeignet ist hier TK-Gemüse, denn damit entfällt das zeitaufwendige Putzen und Zerkleinern. Die Auswahl ist riesig: Sie können zwischen einzelnen Gemüsesorten, Gemüsemischungen und küchenfertigen Gemüsebeilagen wählen. Bei Letzteren sollten Sie allerdings auf den Fettgehalt achten. Gemüse aus der Dose ist weniger empfehlenswert. Es hat einen hohen Salzgehalt und die wasserlöslichen Vitamine sind ausgelaugt. Eine Ausnahme stellen Dosentomaten dar. Hier wird der komplette Doseninhalt verwendet, womit der Vitaminverlust gering ausfällt.

Übrigens: Gemüse – außer Mais, grünen Erbsen und Roten Beten – können Sie in unbegrenzten Mengen essen, denn sie sind KH-P-anrechnungsfrei. Dies gilt natürlich auch für TK-Gemüse und Gemüse aus der Dose.

TK-Gemüse ist in der schnellen Küche durchaus zu empfehlen, bei Halb- und Fertiggerichten auf die Zutatenliste achten.

Vorräte für viele Gelegenheiten

Ohne einen gut angelegten Vorrat, ist blitzschnelles Kochen nicht möglich. Zum Grundvorrat gehören zum einen Trockenprodukte wie Nudeln, Reis, Mehl und Gewürze. Auch sollten Sie ein paar Dosen, insbesondere mit Tomaten (ganz und in Stücken) auf Lager haben. Schließlich gehören noch TK-Produkte, vor allem Gemüse, zum Vorratsstandard in der schnellen Küche. Wenn das Gemüse nicht im Block eingefroren ist, wie das beispielsweise bei Gemüsemischungen der Fall ist, lässt es sich sogar ohne Auftauzeiten portionieren und erwärmen.

Gut organisiert ist halb gekocht

Am besten stellen Sie jede Woche einen Essensplan mit den geplanten Hauptgerichten auf. Damit können Sie die länger haltbaren Lebensmittel einmal pro Woche im Großeinkauf besorgen, die Frischprodukte werden dann jeweils an zwei weiteren Tagen besorgt. Diese Vorgehensweise schränkt zwar die Spontaneität ein – verhindert aber den täglichen Stress mit hektischen Einkäufen kurz vor Ladenschluss. Außerdem lassen sich die geplanten Mahlzeiten ohne weiteres gegeneinander austauschen, wenn einmal etwas dazwischen kommt.

Kochen mit Plan

Viel Mühe und Zeit ist auch gespart, wenn Sie vorausschauend kochen. Wenn Sie wissen, dass Sie am nächsten Tag bestimmte Zutaten, z. B. Kartoffeln, Reis oder Nudeln, wieder brauchen, können Sie gleich die doppelte Menge kochen. Beispiel: Dienstags gibt es Lachs-Gemüse-Spieße, Sie kochen aber statt der dafür benötigten 90 Gramm gleich 180 g Reis, denn am nächsten Tag haben Sie die Paprika-Rinderfilet-Pfanne auf Ihrem Plan, für die Sie ebenfalls Reis benötigen. Lassen Sie das Vorgekochte auskühlen, und lagern Sie es abgedeckt im Kühlschrank. Am nächsten Tag wird es dann in der Mikrowelle oder mit wenig Öl in einer beschichteten Pfanne erwärmt.

Fett sparen durch clevere Zutatenwahl

Auch in der schnellen Küche kann man ohne Probleme fettarm garen. Grundvoraussetzung ist die Verwendung von beschichteten Kochgeräten, in denen man mit nur wenig Öl braten kann.

Achten Sie aber auch auf die Auswahl geeigneter Zutaten. Verwenden Sie statt Wurst besser Schinken ohne Fettrand, geräucherte Putenbrust oder Bratenaufschnitt. Diese Fleischwaren können Sie auch statt Bauchfleisch oder Speck in Gemüsesuppen geben oder unter Gemüsepfannen mengen.

Wählen Sie bei den Milchprodukten die fettarmen Sorten. Mit Sahne und Crème fraîche sollte grundsätzlich sparsam umgegangen werden. Setzen Sie dort – wenn möglich – saure Sahne, Joghurt oder Milch ein oder verwenden Sie von den fettreichen Produkten nur sehr wenig. Dafür am besten einen Esslöffel zum Abmessen zur Hand nehmen.

Auch mit Käse sollten Sie sparsam umgehen. Beachten Sie, dass hier Light-Varianten oft nicht zum gewünschten kulinarischen Ergebnis führen. Wenn Sie stattdessen einfach normal fetthaltigen Käse in geringen Mengen verwenden, schmeckt das Gericht ungleich besser als mit fettarmem Käse und enthält letztlich ähnlich viel/wenig Fett, wie wenn es mit der ganzen Menge fettarmem Käse zubereitet wird.

Fettarme Saucen zaubern

Durch das Weglassen von Sahne und das Braten oder Anschwitzen der Zutaten in nur wenig Fett, lässt sich der Kaloriengehalt von Saucen gut reduzieren. Sie können die Flüssigkeit anschließend mit kleinen Mengen Mehl oder Stärke binden, dies erhöht den Kohlenhydratgehalt nur geringfügig. Oder Sie weichen auf ein Bindemittel aus Johannisbrotkernmehl, z. B. Nestagel oder Biobin, aus. 1 bis 2 Messerspitzen davon binden die Sauce, ohne dass zusätzliche Kohlenhydrate angerechnet werden müssen. Eine andere Variante, eine sämige Sauce zu bekommen, ist das Pürieren von mitgegartem Wurzelgemüse, z. B. Möhren, Petersilienwurzeln oder Sellerie.

Schnell und fettarm garen schließen sich nicht aus. Eine beschichtete Pfanne gehört hier zum guten Handwerkszeug, aber auch das Wissen über die Verwendung von fettarmen Zutaten sowie über die Zubereitung von fettarmen Saucen.
Und dann kann's auch schon losgehen mit der schnellen Küche, ob gedünstet, kurzgebraten oder pfannengerührt, Genuss ist hier garantiert.

Das Öl zum Braten und Dünsten immer mit einem Löffel abmessen.

Der Blutzuckerspiegel ist ausgeglichener, wenn Sie 4 bis 6 kleinere Mahlzeiten über den Tag verteilen. Essen Sie zwischendurch ein Stück Obst oder einen Joghurt. Schnell gemacht ist auch ein Müsli oder ein Knäcke mit Quark und Marmelade. Übrigens: Zwischenmahlzeiten essen Sie nicht zusätzlich, sondern Ihre Hauptmahlzeiten fallen entsprechend kleiner aus.

Pfiffig abgeschmeckt

Das Abschmecken mit süßer Sahne oder Crème fraîche sollte mit Rücksicht auf den Fettgehalt der Speisen entfallen oder nur sehr sparsam erfolgen. Auch große Mengen von Salz zeichnen keinen guten Koch aus.

Dagegen sind frische Kräuter und Gewürze nach persönlichem Geschmack in unbegrenzter Menge erlaubt. Hier eignen sich auch prima TK-Kräuter(-Mischungen).

Kochtechniken in der schnellen Küche

Schnelle Garmethoden sind das Dünsten von Fisch und Gemüse, das Kurzbraten und das Pfannenrühren, d. h. das Braten von klein geschnittenem Gemüse und Fleisch oder Fisch in einem Wok oder einer großen Pfanne bei großer Hitze unter ständigem Rühren. Auch das Grillen von Fleisch und Fisch im Backofen geht schnell.

Pellkartoffeln, Reis, Nudeln, aber auch ausgefallenere Beilagen wie Bulgur oder Hirse lassen sich ohne langes Vorbereiten in kurzer Zeit kochen. Wenn diese getrennt vom Hauptgericht zubereitet werden, beginnen Sie beim Kochen einfach mit den Beilagen, da diese oft eine etwas längere Garzeit haben.

Fitmacher-Salat

Für 2 Personen • Zubereitungszeit: ca. 30 Min.
pro Portion ca. 260 kcal, 14 g E, 8 g F, 32 g KH, 2 KH-P

½ kleiner Kopf Eisbergsalat
2 Tomaten
¼ Salatgurke
60 g hauchdünner gekochter Schinken
125 g Joghurt (1,5 % Fett)
1 EL Distelöl
1 EL Apfelessig
1 EL Tomatenmark
1 Prise Zucker
etwas Jodsalz
etwas schwarzer Pfeffer aus der Mühle
½ Kästchen Gartenkresse
2 Mehrkornbrötchen à 60 g

1 Die Blätter vom Eisbergsalat lösen, waschen und trockenschleudern. Die Salatblätter in mundgerechte Stücke zerpflücken.

2 Die Tomaten waschen und halbieren, die Stielansätze entfernen und die Tomaten in Spalten schneiden. Die Gurke schälen und in ½ cm breite Scheiben schneiden.

3 Die Schinkenscheiben einzeln zu Röllchen aufrollen. Aus Joghurt, Distelöl, Apfelessig und Tomatenmark ein Dressing rühren; mit Zucker, Salz und Pfeffer abschmecken.

4 Die Kresse mit einer Küchenschere abschneiden, abbrausen und abtropfen lassen.

5 Die zerpflückten Salatblätter mit den Tomaten und Gurken in einer Schüssel vermengen, auf 2 Tellern anrichten und mit den Schinkenröllchen und der Kresse garnieren. Das Dressing darüber träufeln. Zum Salat je 1 Mehrkornbrötchen reichen.

Tipp

Anstelle des Joghurtdressings können Sie auch ein Essig-Öl-Dressing anrühren.
Wenn Sie täglich frischen Salat essen, lohnt es sich, eine größere Menge Dressing herzustellen. Sie können es 2–3 Tage in einem Schraubglas im Kühlschrank aufbewahren.

Spanischer Kartoffelsalat

Für 2 Personen • Zubereitungszeit: ca. 40 Min. • Zeit zum Durchziehen: ca. 30 Min.
pro Portion ca. 360 kcal, 9 g E, 22 g F, 30 g KH, 1,5 KH-P

1 Ei
200 g grüne Bohnen
1 große Möhre
etwas Jodsalz
240 g gekochte gepellte Kartoffeln
1 kleine rote Paprikaschote
3 EL Olivenöl
etwas schwarzer Pfeffer aus der Mühle
einige Zweige glatte Petersilie

1 Das Ei in etwa 10 Minuten hart kochen, mit kaltem Wasser abschrecken, pellen und abkühlen lassen.

2 Inzwischen die Bohnen waschen, putzen und in etwa 3 cm lange Stücke schneiden. Die Möhre waschen, putzen, schälen und in Scheiben schneiden. Beide Gemüsesorten in wenig leicht gesalzenem Wasser bissfest garen, dann herausnehmen.

3 Unterdessen die Kartoffeln in etwa 3 cm große Stücke schneiden. Die Paprikaschote waschen, halbieren, putzen und mit dem Sparschäler schälen. Die Paprikahälften in schmale Streifen schneiden.

4 Das Ei halbieren, das Eiweiß in kleine Würfel hacken. Das Eigelb zerdrücken. Das Olivenöl nach und nach mit einem Schneebesen darunter rühren – es muss sich gut mit dem Eigelb verbinden. Dann tropfenweise 3 EL warmes Wasser darunter rühren. Die Sauce mit Salz und Pfeffer abschmecken.

5 Kartoffeln, Eiweiß, Bohnen, Möhren und Paprika vorsichtig mit der Sauce mischen. Den Salat etwa 30 Minuten durchziehen lassen, mit der Petersilie garnieren und nicht zu kalt servieren.

Tipp

Der Salat eignet sich gut als sommerliche Beilage zu gegrilltem Fleisch oder Fisch. Und zusammen mit etwas Thunfisch (naturell, aus der Dose) ergibt er solo ein leichtes Abendessen.

Dieser leichte Zucchinisalat ist eine prima Gemüsebeilage zu Fleisch- oder Fischgerichten.

1 EL Pinienkerne
2 EL Zitronensaft
1 EL Olivenöl
etwas schwarzer Pfeffer aus der Mühle
etwas Jodsalz
12 Blätter Basilikum
500 g kleine feste Zucchini
1 kleine Knoblauchzehe

Zucchinisalat

Für 2 Personen • Zubereitungszeit: ca. 20 Min.
pro Portion ca. 180 kcal, 5 g E, 12 g F, 13 g KH, 0 KH-P

1 Die Pinienkerne in einer beschichteten Pfanne ohne Fettzugabe unter Rühren goldgelb rösten, herausnehmen und abkühlen lassen.

2 Den Zitronensaft und das Öl miteinander verrühren, mit Pfeffer und Salz kräftig abschmecken. Die Basilikumblätter fein hacken und unter das Dressing rühren.

3 Die Zucchini waschen und putzen. Die Früchte mit einem Sparschäler längs in etwa 1 cm breiten Abständen schälen, d. h., es bleiben mehrere grüne Schalenstreifen an der Frucht.

4 Die Knoblauchzehe schälen und halbieren, eine Salatschüssel mit den Hälften ausreiben. Die Zucchini fein raspeln und in die Schüssel geben, mit dem Dressing mischen und die Pinienkerne darüber streuen.

5 Den Salat einige Minuten durchziehen lassen. Er sollte nicht zu lange stehen, da die Zucchini sonst viel Wasser ziehen.

Mesclun mit Vinaigrette

Für 2 Personen • Zubereitungszeit: ca. 30 Min.
pro Portion ca. 130 kcal, 2 g E, 13 g F, 2 g KH, 0 KH-P

10 g frischer Kerbel
20 g Rucola
30 g Portulak
1/2 Kästchen Kresse
je 60 g Eichblattsalat und grüner Salat (z. B. Romanasalat, Kopfsalat, Frisée)
1 Frühlingszwiebel
1 TL französischer Senf
etwas Jodsalz
etwas schwarzer Pfeffer aus der Mühle
1 EL Weißweinessig
2 EL Olivenöl

1 Kerbel, Rucola und Portulak verlesen, waschen und trockenschleudern. Die Stiele abschneiden. Die Kresse mit einer Küchenschere über einem Sieb abschneiden, abbrausen und abtropfen lassen.

2 Die Salatblätter waschen, putzen und trockenschleudern. Die dicken Blattrippen herausschneiden und die Blätter in kleine Stücke reißen. Kräuter und Blattsalate in eine Salatschüssel geben.

3 Die Frühlingszwiebel waschen, putzen und in feine Ringe schneiden. Den Senf zusammen mit je 1 Prise Salz und Pfeffer und dem Essig gut verrühren. Das Olivenöl nach und nach mit einem Schneebesen darunter schlagen. Zum Schluss 2 EL Wasser darunter rühren und die Frühlingszwiebeln dazugeben.

4 Die Vinaigrette mit den Salat- und Kräuterblättern mischen und den Salat sofort anrichten.

Tipp

»Mesclun« ist eine typisch südfranzösische Salatmischung aus zarten jungen Blättern von Eichblattsalat, Rucola, Endivie, Kerbel, Kresse, Eskariol, Löwenzahn, Portulak und verschiedenen jungen Kräutern. Anders als in Frankreich ist die fertige Salatmischung hierzulande selten erhältlich.

Eine scharfe Version dieses Salats bereiten Sie mit 1–2 frischen Peperoni und 5 grünen Oliven ohne Stein zu: Die Schoten entkernen und in feine Ringe schneiden. Die Oliven in dünne Scheiben schneiden.

400 g Tomaten
1 Frühlingszwiebel
etwa 20 Blätter frische Pfefferminze
1/2 kleine Knoblauchzehe
2 EL Zitronensaft
1 EL Weißweinessig
1 EL Olivenöl
1 Prise Cayennepfeffer
etwas Jodsalz
etwas schwarzer Pfeffer aus der Mühle

Türkischer Tomatensalat

Für 2 Personen • Zubereitungszeit: ca. 15 Min.
pro Portion ca. 90 kcal, 2 g E, 5 g F, 6 g KH, 0 KH-P

1 Die Tomaten waschen, halbieren und die Stielansätze entfernen. Die Tomatenhälften in mundgerechte Würfel schneiden und in eine Schüssel geben.

2 Die Frühlingszwiebel waschen, putzen und in feine Ringe schneiden. Die Minzeblätter waschen, trockentupfen und in feine Streifen schneiden. Frühlingszwiebel und Minze mit den Tomaten mischen.

3 Den Knoblauch schälen, durchpressen und zusammen mit Zitronensaft, Essig, Öl und Cayennepfeffer gut verrühren. Das Dressing mit Salz und Pfeffer abschmecken und über die Tomaten geben. Den Salat sofort servieren.

Badische Grünkernsuppe

Für 2 Personen • Zubereitungszeit: ca. 25 Min.
pro Portion ca. 160 kcal, 5 g E, 7 g F, 19 g KH, 1 KH-P

1 EL Rapsöl
40 g Grünkernschrot
700 ml Gemüsebrühe (z. B. Instant)
300 g aufgetautes TK-Suppengemüse
2 EL saure Sahne (10 % Fett)
etwas Jodsalz
etwas schwarzer Pfeffer aus der Mühle
2 EL Schnittlauchröllchen

1 Das Öl in einem Topf erhitzen, den Schrot darin kurz anrösten und dann mit der Gemüsebrühe ablöschen. Das Ganze zum Kochen bringen.

2 Das aufgetaute TK-Suppengemüse dazugeben und in 15 – 20 Minuten gar kochen. Die Kochstelle ausschalten.

3 Die Suppe mit dem Mixstab pürieren. Die saure Sahne unter die nicht mehr kochende Suppe rühren.

4 Die Grünkernsuppe mit Salz und Pfeffer abschmecken, in tiefe Teller geben und mit den Schnittlauchröllchen garnieren.

Tipp

Wer gerne mehr Fett einsparen möchte, streut den Grünkern in die kochende Suppe und verwendet statt der sauren Sahne Joghurt. Übrigens gerinnt der Joghurt weniger leicht, wenn Sie ihn vorher mit 1 TL Stärke verrühren. Der Kohlenhydratgehalt steigt dadurch nur unwesentlich.

Gegarte Rote Beten können Sie im Supermarkt kaufen (im Vakuumpack). Falls Sie die Roten Beten selbst garen möchten, waschen Sie sie vorsichtig und kochen Sie die Knollen am besten im Dampfdrucktopf – je nach Größe zwischen 10 und 25 Minuten.

80 g Feldsalat
1 gegarte Knolle Rote Bete (ca. 70 g)
20 g Walnusskerne
2 EL Walnussöl
4 EL milder Sherryessig
etwas Jodsalz
etwas schwarzer Pfeffer aus der Mühle
2 Laugenbrezeln à 50 g

Feldsalat mit Roter Bete

Für 2 Personen • Zubereitungszeit: ca. 20 Min.
pro Portion ca. 300 kcal, 7 g E, 17 g F, 29 g KH, 2,5 KH-P

1 Den Feldsalat gründlich waschen. Falls er sehr sandig ist, ein zweites Mal waschen. Den Salat putzen und trockenschleudern.

2 Die Rote Bete in dünne Scheiben oder kleine Würfel schneiden. Die Walnusskerne eventuell mit einem Messer grob hacken.

3 Das Walnussöl mit dem Sherryessig verrühren; mit etwas Salz und Pfeffer abschmecken.

4 Den Feldsalat und die Rote-Bete-Scheiben auf 2 großen flachen Tellern anrichten. Den Salat mit dem Dressing beträufeln und mit den Walnüssen bestreuen. Dazu je 1 Laugenbrezel reichen.

Zucchini-Frittata

Für 2 Personen • Zubereitungszeit: ca. 30 Min.
pro Portion ca. 460 kcal, 21 g E, 25 g F, 35 g KH, 2 KH-P

4 kleine Eier
3 EL Milch (1,5 % Fett)
1 TL frisch geriebener Parmesan
etwas Jodsalz
etwas weißer Pfeffer aus der Mühle
2 kleine feste Zucchini
2 Frühlingszwiebeln
2 EL Olivenöl
1 EL frische Thymianblättchen
2 Vollkornbrötchen à 60 g

1 Die Eier, die Milch und den Parmesan gut verquirlen und mit je 1 Prise Salz und Pfeffer würzen.

2 Die Zucchini waschen, putzen und fein raspeln. Die Frühlingszwiebeln waschen, putzen und in sehr feine Ringe schneiden.

3 In einer beschichteten Pfanne das Olivenöl erhitzen. Die Zucchiniraspel und die Frühlingszwiebelringe darin braten, bis sie keine Flüssigkeit mehr ziehen. Dann die Thymianblättchen dazugeben und das Gemüse gleichmäßig in der Pfanne verteilen.

4 Die Eiermasse über das Gemüse gießen und stocken lassen. Wenn die Frittata auf der unteren Seite leicht gebräunt ist, sie mithilfe eines Tellers wenden und auf der anderen Seite ebenfalls leicht bräunen lassen.

5 Die Zucchini-Frittata auf 2 Teller verteilen und zusammen mit den Vollkornbrötchen servieren.

Tipp

Frittata, Omelette, Tortilla und Omelétta sind rund ums Mittelmeer beliebt. Welches Gemüse Sie unter die Eier mischen, hängt ganz von Ihren Vorlieben ab. Von Aubergine bis Zwiebel ist alles möglich. Achten Sie jedoch darauf, dass das Gemüse vorher jeweils so lange gebraten wird, dass keine Flüssigkeit mehr austritt.

Die Kartoffel macht die Suppe sämiger. Doch dies ist nicht bei allen Kürbissorten notwendig. So können Sie bei einer Suppe aus Hokkaidokürbis darauf verzichten. Die Suppe hat dann 0 KH-P.

½ kleine Zwiebel
1 Knoblauchzehe
180 g Kürbisfruchtfleisch (z. B. Muskatkürbis oder Gelber Zentner)
1 kleine Kartoffel (50 g)
2 EL Olivenöl
1 Msp. Safranfäden
etwas Jodsalz
⅛ l Milch (1,5 % Fett)
1 Prise Muskat
1 TL frische Thymianblättchen

Kürbissuppe

Für 2 Personen • Zubereitungszeit: ca. 25 Min. • Garzeit: ca. 20 Min.
pro Portion ca. 180 kcal, 4 g E, 13 g F, 13 g KH, 0,5 KH-P

1 Die Zwiebel und die Knoblauchzehe schälen und fein hacken. Das Kürbisfleisch in nicht zu kleine Würfel schneiden. Die Kartoffel waschen, schälen und ebenfalls würfeln.

2 Das Öl in einem Topf erhitzen, Zwiebeln und Knoblauch darin andünsten. Die Kürbis- und die Kartoffelstücke dazugeben und 200 ml Wasser angießen.

3 Den Safran zusammen mit etwas Salz in einem Mörser verreiben und in die Suppe geben. Die Suppe etwa 20 Minuten köcheln lassen.

4 Die Suppe mit dem Mixstab pürieren, dabei die Milch dazugeben. Die Kürbissuppe dann nochmals erhitzen, aber auf keinen Fall mehr kochen lassen und mit Salz, Muskat sowie dem Thymian würzen.

Scharfe Kartoffelsuppe

1 Zwiebel
1 große rote Paprikaschote
2 mittelgroße Kartoffeln (190 g)
1 EL Sonnenblumenöl
500 ml Gemüsebrühe
(z. B. Instant)
etwa 1/4 TL rosenscharfes
Paprikapulver
2 – 4 Spritzer Tabasco
2 EL Tomatenmark
evtl. etwas Jodsalz

Für 2 Personen • Zubereitungszeit: ca. 25 Min.
pro Portion ca. 160 kcal, 5 g E, 7 g F, 19 g KH, 1 KH-P

1 Die Zwiebel schälen, halbieren und in feine Streifen schneiden. Die Paprikaschote waschen, putzen und in 1/2 – 1 cm große Stücke schneiden. Die Kartoffeln waschen, schälen und ebenfalls in kleine Würfel schneiden.

2 Das Öl in einem Topf erhitzen. Die Zwiebelstreifen darin glasig dünsten, die Paprika- und Kartoffelwürfel hinzugeben und anbraten.

3 Das Gemüse mit der Brühe ablöschen; mit Paprikapulver, Tabasco und Tomatenmark würzen. Das Ganze zum Kochen bringen und in etwa 15 Minuten fertig garen.

4 Die Suppe nochmals abschmecken, eventuell salzen. Die Suppe in 2 tiefe Teller geben und heiß servieren.

Tipp

Die Suppe schmeckt nach diesem Rezept angenehm scharf. Durch Würzen mit Cayennepfeffer oder auch einer klein geschnittenen Chilischote können Sie sie auch höllisch scharf abschmecken.

Lammschichttopf

Für 2 Personen • Zeit zum Wässern des Römertopfes: ca. 2 Std. • Zubereitungszeit: ca. 30 Min. • Garzeit: ca. 1 1/2 Std.
pro Portion ca. 620 kcal, 28 g E, 36 g F, 41 g KH, 2,5 KH-P

1 Zwiebel
1 Knoblauchzehe
250 g Lammfleisch aus der Keule, ohne Fett und Sehnen
1 1/2 EL Olivenöl
etwas Jodsalz
etwas schwarzer Pfeffer aus der Mühle
2 TL edelsüßes Paprikapulver
100 g grüne Bohnen
1 sehr kleine Aubergine
1 kleine feste Zucchini
1 Fleischtomate
500 g Kartoffeln

1 Einen Römertopf mindestens 2 Stunden wässern (siehe Tipp). Die Zwiebel und die Knoblauchzehe schälen und fein würfeln.

2 Das Fleisch kalt abspülen, gut trockentupfen, in etwa 3 cm große Würfel schneiden und von allen Seiten im heißen Olivenöl anbraten. Die Zwiebeln und den Knoblauch dazugeben und alles so lange braten, bis die Zwiebeln glasig sind. Das Fleisch mit Salz, Pfeffer und Paprikapulver würzen und in den Römertopf legen.

3 Den Backofen auf 160 °C vorheizen. Die Bohnen, die Aubergine, und die Zucchini waschen, putzen und klein schneiden. Zuerst die Bohnen auf das Fleisch legen, dann die Zucchini- und die Auberginenscheiben darauf legen.

4 Die Tomate waschen und halbieren, den Stielansatz entfernen und die Tomatenhälften auf einer Rohkostreibe reiben (die Schale bleibt übrig). Das Tomatenpüree auf das Gemüse geben, mit wenig Salz und Pfeffer würzen und das restliche Öl darüber träufeln.

5 Den Römertopf schließen und den Eintopf im Backofen auf der mittleren Schiene etwa 1 1/2 Stunden garen.

6 Gut 30 Minuten vor Ende der Garzeit die Kartoffeln waschen, schälen, in leicht gesalzenem Wasser zum Kochen bringen und garen. Den Lammschichttopf zusammen mit den Kartoffeln servieren.

Tipp

Wenn Sie keinen Römertopf besitzen, garen Sie den Eintopf in einem normalen Topf bei ganz schwacher Hitze auf der Herdplatte.

Putenspieße mit rotem Reis

Für 2 Personen • Zubereitungszeit: ca. 30 Min.
pro Portion ca. 440 kcal, 40 g E, 14 g F, 38 g KH, 3 KH-P

1/2 Zwiebel
1 EL Olivenöl
90 g Parboiled Reis
100 ml Gemüsebrühe (z. B. Instant)
120 ml Tomatensaft
1 TL getr. Oregano
2 dünne Putenbrustschnitzel à 150 g
3 TL Pesto (20 g)
4 Holz- oder Metallspieße

1 Die Zwiebel schälen und fein hacken. Etwa 1 TL Olivenöl in einem Topf erhitzen und darin die Zwiebelwürfel zusammen mit dem Reis anschwitzen. Brühe und Tomatensaft angießen, den Reis mit Oregano würzen. Bei reduzierter Hitze etwa 20 Minuten quellen lassen.

2 Inzwischen das Putenfleisch kalt abspülen und gut trockentupfen, zwischen Klarsichtfolie legen und mit einem Nudelholz plattdrücken. Die Fleischoberseite mit Pesto bestreichen und die Schnitzel von der längeren Seite her aufrollen. Dann jedes Schnitzel in 4 etwa 2 cm breite Röllchen schneiden.

3 Den Backofengrill vorheizen. Jeweils 2 Fleischröllchen auf lange Holz- oder Metallspieße stecken, auf ein Blech legen und sie dann von allen Seiten 5 – 7 Minuten unter dem Grill garen.

4 Für den Reis 2 Tassen oder Timbalförmchen (150 ml Volumen) mit dem restlichen Öl einpinseln. Die Reismasse hineinfüllen und gut festdrücken. Die Reisportionen auf Teller stürzen und mit je 2 Putenspießen sofort servieren.

Tipp

Pesto ist eine aus Italien stammende, kalte Sauce. Sie besteht in der Regel aus Basilikum, Parmesan, Pinienkernen, Olivenöl und Salz. Sie können Pesto in kleinen Schraubgläsern in jedem gut sortierten Supermarkt in der Feinkostabteilung kaufen.

90 g Vollkornreis
etwas Jodsalz
2 Hähnchenbrustfilets à 120 g
etwas schwarzer Pfeffer aus der Mühle
etwas edelsüßes Paprikapulver
1 Knoblauchzehe
1 Zwiebel
je 1 gelbe und grüne Paprikaschote
2 EL Olivenöl
1 Dose stückige Tomaten (400 g)
1 EL getr. Thymian
Zum Garnieren: evtl. etwas frischer Thymian

Hähnchen in Tomaten-Sugo

Für 2 Personen • Zubereitungszeit: ca. 35 Min.
pro Portion ca. 460 kcal, 40 g E, 13 g F, 43 g KH, 3 KH-P

1 Den Reis in der doppelten Menge leicht gesalzenem Wasser (Reis und Wasser mit derselben Tasse abmessen) zum Kochen bringen und etwa 30 Minuten garen.

2 Inzwischen die Hähnchenbrustfilets kalt abspülen, gut trockentupfen und mit Salz, Pfeffer und Paprikapulver würzen. Knoblauch und Zwiebel schälen und fein hacken. Die Paprikaschoten waschen, putzen und in mundgerechte Stücke schneiden.

3 Das Öl in einer beschichteten Pfanne erhitzen, das Hähnchenfleisch darin rundum goldbraun anbraten. Knoblauch, Zwiebel und Paprika zugeben und kurz mitbraten.

4 Die Tomaten in die Pfanne geben. Alles mit dem Thymian, Salz, Pfeffer und Paprikapulver abschmecken und 10 – 15 Minuten offen garen, sodass ein sämiger Sugo entsteht.

5 Die Hähnchenbrust aufschneiden und mit Tomaten-Paprika-Sugo und Reis anrichten. Eventuell mit etwas frischem Thymian garnieren.

Hackbällchen mit Gemüse

Für 2 Personen • Zubereitungszeit: ca. 30 Min.
pro Portion ca. 590 kcal, 34 g E, 28 g F, 49 g KH, 4 KH-P

1 Zwiebel
200 g Möhren
200 g Rinderhackfleisch
1 Eiweiß
etwas Jodsalz
etwas schwarzer Pfeffer aus der Mühle
1 Msp. edelsüßes Paprikapulver
1 EL Rapsöl
450 g aufgetautes TK-Mischgemüse (mit Mais oder Erbsen)
1 Beutel Flockenpüree (für 2 – 3 Portionen)
½ Pck. TK-Petersilie
4 EL Sahne

1 Die Zwiebel schälen und fein hacken. Die Möhren waschen, putzen und fein raspeln. Die Hälfte der Zwiebeln mit Hackfleisch, Möhrenraspeln, Eiweiß, Salz, Pfeffer und Paprikapulver in eine Schüssel geben. Alles zu einem Teig verkneten, daraus 10 kleine Bällchen formen.

2 Das Öl in einer Pfanne erhitzen und die Hackfleischbällchen darin von allen Seiten braten, bis sie durchgebraten sind.

3 Die restlichen Zwiebelwürfel und das aufgetaute Gemüse zu den Bällchen geben und alles zugedeckt weitere 10 Minuten garen.

4 Inzwischen das Flockenpüree nach Packungsanweisung, aber ohne Zugabe von Butter zubereiten. Zum Schluss die Hälfte der Petersilie unterrühren.

5 An das Pfannengemüse die Sahne geben, das Gericht mit Salz, Pfeffer und Paprikapulver abschmecken und zusammen mit dem Kartoffelpüree auf 2 Tellern anrichten. Mit der restlichen Petersilie garnieren.

Tipp

Durch das Untermengen des Gemüses werden die Hackbällchen lockerer. Natürlich können Sie auch wie gewohnt Paniermehl verwenden, jedoch ist dieses anrechnungspflichtig und sie müssten 1 KH-P Kartoffelbrei weglassen, um auf dieselbe KH-P-Gesamtmenge zu kommen.

Falls gerade keine Pilzsaison ist, verwenden Sie doch einfach anstelle der Pfifferlinge etwa 20 – 30 g getrocknete Pilze, die Sie zuvor in Wasser einweichen.

1 Zwiebel
100 g Knollensellerie
150 g braune Champignons
150 g Pfifferlinge
4 Schweineschnitzelchen à 60 g
etwas Jodsalz
etwas schwarzer Pfeffer aus der Mühle
2 EL Rapsöl
120 g Spätzle
100 ml Gemüsebrühe (z. B. Instant)
1 EL Speisestärke
4 EL Sahne
4 EL gehackte Petersilie

Schnitzelchen »Jägerart«

Für 2 Personen • Zubereitungszeit: ca. 30 Min.
pro Portion ca. 550 kcal, 41 g E, 21 g F, 50 g KH, 3,5 KH-P

1 Die Zwiebel schälen und fein hacken. Den Knollensellerie putzen und sehr fein würfeln. Die Champignons und die Pfifferlinge putzen, mit einem Küchentuch abreiben und in Scheiben oder mundgerechte Stücke schneiden.

2 Die Schweineschnitzelchen kalt abspülen, gut trockentupfen, salzen und pfeffern. Das Rapsöl in einer beschichteten Pfanne erhitzen und die Schnitzelchen darin von beiden Seiten an- und dann gar braten. Inzwischen die Spätzle nach Packungsanweisung in reichlich kochendem Salzwasser garen.

3 Die Schnitzelchen herausnehmen und beiseite stellen. Zwiebel und Pilze in derselben Pfanne etwa 10 Minuten braten. Das Gemüse salzen, pfeffern und mit Brühe ablöschen. Die Stärke mit der Sahne verquirlen und das Gemüse damit binden.

4 Die Schnitzelchen nochmals kurz in dem Pilzgemüse erwärmen. Auf jedem Teller jeweils 2 Fleischstücke mit Pilzen und Spätzle anrichten. Mit der Petersilie garnieren.

Putenrouladen

Für 2 Personen • Zubereitungszeit: ca. 35 Min.
pro Portion ca. 480 kcal, 44 g E, 13 g F, 46 g KH, 4 KH-P

2 Putenbrustschnitzel à 125 g
50 g Kräuterfrischkäse »leicht« (z. B. Philadelphia)
2 Zweige Basilikum
2 EL Rapsöl
1 Zwiebel
1 gelbe Paprikaschote
120 g Bulgur
200 ml Gemüsebrühe (z. B. Instant)
1/2 TL Kurkuma
300 g aufgetauter TK-Blattspinat
etwas Jodsalz
etwas schwarzer Pfeffer aus der Mühle
1/4 TL edelsüßes Paprikapulver
Zahnstocher oder Rouladennadeln zum Feststecken

1 Die Putenschnitzel kalt abspülen und gut trockentupfen, zwischen Klarsichtfolie legen und mit einem Nudelholz flach klopfen.

2 Die Basilikumzweige waschen, trockentupfen, die Blätter von den Stielen zupfen und klein schneiden; mit dem Kräuterfrischkäse verrühren. Das Fleisch mit je 1 TL dieser Mischung bestreichen. Die Schnitzel aufrollen und mit Zahnstochern oder Rouladennadeln feststecken.

3 Das Öl in einer beschichteten Pfanne erhitzen und die Rouladen darin von allen Seiten kräftig anbraten. Inzwischen die Zwiebel schälen und fein würfeln. Die Paprikaschote waschen, putzen und in feine Stücke schneiden.

4 Zwiebel- und Paprikastücke zum angebratenen Fleisch geben und alles zugedeckt etwa 25 Minuten dünsten.

5 Inzwischen den Bulgur mit der Brühe und dem Kurkuma in einen kleinen Topf geben. Zum Kochen bringen und bei ausgeschalteter Herdplatte etwa 15 Minuten quellen lassen.

6 Die Rouladen aus der Pfanne nehmen und warm halten. Das Gemüse aus der Pfanne in ein hohes Gefäß geben und mit dem Mixstab pürieren; zurück in die Pfanne geben. Den Spinat hinzufügen, erwärmen und das Ganze mit Salz, Pfeffer, dem Paprikapulver und dem restlichen Frischkäse abschmecken.

7 Die Putenrouladen aufschneiden und zusammen mit der Gemüse-Spinat-Sauce und dem Bulgur servieren.

Tipp

Bulgur sind geschrotete, vorgegarte und dann wieder getrocknete Weizenkörner. Er wird besonders gerne in der arabischen Küche verwendet und ist in jedem türkischen Laden erhältlich. Wenn Sie ihn nicht bekommen, ersetzen Sie ihn einfach durch Reis, Nudeln oder andere Beilagen.

Paprika-Rinderfilet-Pfanne

Für 2 Personen • Zubereitungszeit: ca. 30 Min.
pro Portion ca. 570 kcal, 41 g E, 13 g F, 74 g KH, 3 KH-P

90 g Parboiled Reis
etwas Jodsalz
je 1 rote, gelbe und grüne Paprikaschote
1 Bd. Frühlingszwiebeln
150 g Austernpilze
300 g Rinderfilet
1 EL Rapsöl
etwas weißer Pfeffer aus der Mühle
1/2 Bd. Koriandergrün

1 Den Reis in etwa 200 ml leicht gesalzenem Wasser zum Kochen bringen und etwa 20 Minuten garen.

2 Inzwischen die Paprikaschoten waschen, putzen und in schmale, etwa 3 cm lange Streifen schneiden. Die Frühlingszwiebeln waschen, putzen und in Ringe schneiden. Die Austernpilze putzen und in Streifen schneiden.

3 Das Rinderfilet kalt abspülen, gut trockentupfen und in hauchdünne Streifen schneiden. Das Öl in einer beschichteten Pfanne erhitzen. Das Fleisch darin von allen Seiten anbraten, salzen, pfeffern, dann auf einen Teller geben und warm halten.

4 In derselben Pfanne zuerst die Paprikastücke andünsten, dann die Frühlingszwiebeln und die Austernpilze hinzufügen. Das Gemüse salzen, pfeffern und zugedeckt etwa 10 Minuten dünsten.

5 Inzwischen das Koriandergrün waschen, trockentupfen und die Blättchen fein hacken. Das Fleisch unter das Gemüse heben, das Gericht abschmecken und mit Koriandergrün bestreut servieren. Den Reis dazu reichen.

Tipp

Das Rindfleisch kann auch durch Hähnchen- oder Putenbrust ersetzt werden.

Anstelle von Vollkornreis können Sie auch die gleiche Menge Bulgur verwenden. Diesen brauchen Sie nur mit kochend heißem Wasser übergießen und dann etwa 15 Minuten quellen lassen. Würziger wird's, wenn Sie den Bulgur in Gemüsebrühe aufkochen (s. S. 43)

120 g Vollkornreis
etwas Jodsalz
200 g mariniertes Lammfilet (evtl. beim Metzger vorbestellen)
1 kleine Zwiebel
1 Knoblauchzehe
2 Tomaten
1 EL Olivenöl
250 g aufgetaute grüne TK-Stangenbohnen
etwas schwarzer Pfeffer aus der Mühle
1/2 TL getr. Thymian

Lamm-Bohnen-Pfanne

Für 2 Personen • Zubereitungszeit: ca. 35 Min.
pro Portion ca. 440 kcal, 29 g E, 13 g F, 52 g KH, 4 KH-P

1 Den Reis mit der doppelten Menge leicht gesalzenem Wasser (Reis und Wasser mit derselben Tasse abmessen) zum Kochen bringen und etwa 30 Minuten garen.

2 In der Zwischenzeit das Lammfilet in sehr dünne Scheiben schneiden. Die Zwiebel und Knoblauchzehe schälen, die Zwiebel in Ringe und den Knoblauch in Würfel schneiden.

3 Die Tomaten über Kreuz einritzen, mit kochendem Wasser überbrühen und kalt abschrecken. Die Tomaten enthäuten, die Stielansätze herausschneiden und die Früchte in Würfel schneiden.

4 Das Öl in einer beschichteten Pfanne erhitzen und das Fleisch darin unter ständigem Wenden anbraten. Zwiebeln, Knoblauch und Bohnen hinzugeben, mit Salz, Pfeffer und Thymian würzen. Alles etwa 5 Minuten zugedeckt dünsten.

5 Die Tomatenwürfel mit in die Pfanne geben und das Gericht noch weitere 5 Minuten garen. Den Reis zusammen mit dem Lamm-Bohnen-Gemüse auf 2 Tellern anrichten.

Kalbfleisch-Eintopf

Für 2 Personen • Zubereitungszeit: ca. 1 1/4 Std. 10 Min.
pro Portion ca. 450 kcal, 29 g E, 22 g F, 30 g KH, 1 KH-P

2 kleine Möhren
1 kleine Fenchelknolle
1 Stange Staudensellerie
200 g fest kochende Kartoffeln
1 mittelgroße Zucchini
200 g Kalbsschnitzel (1 cm dick)
1 1/2 EL Olivenöl
150 ml Kalbsfond (z. B. aus dem Glas)
125 ml passierte Tomaten
2 Knoblauchzehen
1 Zweig frischer Rosmarin
4 Zweige frischer Thymian
2 große feste Tomaten
etwas Jodsalz
etwas schwarzer Pfeffer aus der Mühle
etwas edelsüßes Paprikapulver
etwas gekörnte Gemüsebrühe
2 EL grüne Oliven in Ringen

1 Die Möhren waschen, putzen und schälen. Den Fenchel und den Sellerie waschen und putzen. Möhren, Fenchel und Sellerie klein schneiden. Die Kartoffeln waschen, schälen und in etwa 1 cm große Würfel schneiden. Die Zucchini waschen, putzen und in Scheiben schneiden.

2 Das Fleisch kalt abspülen, gut trockentupfen und in etwa 1 cm große Würfel schneiden. Das Öl in einem beschichteten Schmortopf erhitzen und das Fleisch darin von allen Seiten scharf anbraten. Möhren, Fenchel und Sellerie hinzufügen und unter Rühren etwa 3 Minuten mitbraten. Schließlich die Kartoffeln hinzugeben und kurz anbraten.

3 Den Kalbsfond und die passierten Tomaten angießen, umrühren und alles aufkochen lassen. Nach etwa 5 Minuten die Zucchinischeiben hinzufügen. Den Knoblauch schälen und dazupressen.

4 Die Kräuter waschen und den Rosmarin sowie 2 Zweige Thymian zum Eintopf geben. Das Ganze zugedeckt 10 – 15 Minuten schmoren lassen.

5 In der Zwischenzeit die Tomaten über Kreuz einritzen, mit kochendem Wasser überbrühen und kalt abschrecken. Die Tomaten enthäuten, halbieren, die Stielansätze herausschneiden, die Früchte entkernen und würfeln.

6 Den Eintopf mit Salz, Pfeffer, Paprikapulver und gekörnter Gemüsebrühe abschmecken. Rosmarin- und Thymianzweige entfernen. Die Blättchen vom restlichen Thymian abzupfen, mit den Tomaten und den Oliven zum Eintopf geben und alles kurz darin erwärmen.

Tipp

Achten Sie beim Portionieren darauf, dass die Kartoffeln möglichst gleichmäßig auf beide Teller verteilt werden. Wer auf Nummer sicher gehen will, brät die Kartoffeln separat.

Spanisches Ochsenschwanzragout

Für 2 Personen • Zubereitungszeit: ca. 1 1/4 Std. • Schmorzeit: ca. 3 Std.
pro Portion ca. 970 kcal, 50 g E, 62 g F, 41 g KH, 2,5 KH-P

500 g Ochsenschwanz in Stücken
120 g Wurzelgemüse (Möhre, Sellerie, Lauch)
5 kleine Zweige frischer Thymian
1 EL Olivenöl
1 TL edelsüßes Paprikapulver
250 ml Rinderfond (z. B. aus dem Glas)
etwas Jodsalz
etwas schwarzer Pfeffer aus der Mühle
2 Lorbeerblätter
1 kleine Tomate
100 g walnussgroße Zwiebeln
1 rote Paprikaschote
500 g Kartoffeln
1/2 Bd. glatte Petersilie

1 Den Backofen auf 150 °C vorheizen. Von den Ochsenschwanzstücken das sichtbare Fett abschneiden. Das Wurzelgemüse waschen, putzen und klein hacken; den Thymian waschen. Erst die Fleischstücke und dann das Wurzelgemüse in einem kleinen feuerfesten Schmortopf kräftig im Olivenöl anbraten.

2 Das Gemüse mit dem Paprikapulver zuerst bestäuben, dann untermischen und den Rinderfond angießen. Etwas Salz und Pfeffer, die Lorbeerblätter und 4 Zweige Thymian dazugeben. Die Tomate waschen, vierteln und ebenfalls zum Fleisch geben.

3 Den Ochsenschwanz zugedeckt im Ofen auf der mittleren Schiene etwa 3 Stunden schmoren lassen. Dabei eventuell etwas Wasser oder Fond nachgießen. Zum Ende der Schmorzeit die Zwiebeln schälen und halbieren. Die Paprikaschote waschen, putzen und in mundgerechte Stücke schneiden.

4 Fleischstücke, Thymian und Lorbeer aus der Sauce nehmen. Die Sauce in einem hohen Gefäß pürieren und auf etwa 350 ml auffüllen; wieder zurück in den Topf gießen. Das Fleisch, die Zwiebeln und die Paprikastücke hinzufügen und alles nochmals etwa 20 Minuten im Ofen schmoren lassen, bis das Gemüse weich ist.

5 In der Zwischenzeit die Kartoffeln waschen, schälen, in grobe Stücke schneiden und garen. Die Petersilie waschen und fein hacken. Die Blättchen vom übrigen Thymianzweig abzupfen. Das Ragout am Ende der Garzeit mit den Thymianblättchen verfeinern, mit Salz und Pfeffer abschmecken und die Petersilie darüber streuen; zusammen mit den Kartoffeln servieren.

Tipp

»Rabo de toro«, Stierschwanzragout, ist ein beliebtes spanisches Schmorgericht. Sie können das Ragout genauso gut mit Rindergulasch zubereiten. Garzeit dann verkürzen.

Schollenröllchen

Für 2 Personen • Zubereitungszeit: ca. 30 Min.
pro Portion: ca. 570 kcal, 40 g E, 13 g F, 66 g KH, 4 KH-P

2 Tomaten
1/2 Bd. Frühlingszwiebeln
1/2 Bd. Basilikum
4 Schollenfilets à 80 g
etwas Jodsalz
etwas weißer Pfeffer aus der Mühle
1 EL geriebener Meerrettich (aus dem Glas)
120 g grüne Bandnudeln
150 ml Fischfond
50 ml trockener Weißwein
1 EL Butter
1 Spritzer flüssiger Süßstoff
1 TL Speisestärke
50 ml Milch (1,5 % Fett)
2 EL Sahne
Holzzahnstocher zum Feststecken

1 Die Tomaten über Kreuz einritzen, mit kochendem Wasser überbrühen und kalt abschrecken. Die Tomaten enthäuten, die Stielansätze herausschneiden, und die Früchte in Würfel schneiden. Die Frühlingszwiebeln waschen, putzen und in Röllchen schneiden. Das Basilikum waschen und die Blätter fein hacken.

2 Die Schollenfilets kalt abspülen und trockentupfen. Mit der Haut nach oben auf ein Brett legen. Salzen und pfeffern. Den Fisch mit der Hälfte vom Meerrettich bestreichen, mit etwas Basilikum bestreuen. Jeweils etwa 1 TL Tomatenstücke in die Mitte setzen, die Filets zusammenrollen und mit Holzzahnstochen fixieren.

3 Die Nudeln nach Packungsanweisung bissfest garen. Den Fischfond und den Weißwein zum Kochen bringen. Die Schollenröllchen in einen für den Topf passenden Dämpfeinsatz setzen und etwa 5 Minuten dämpfen.

4 Unterdessen in einer beschichteten Pfanne die Butter schmelzen. Die Frühlingszwiebeln darin andünsten, die restlichen Tomatenstücke hinzugeben und mit dünsten. Mit Salz, Pfeffer, Süßstoff und etwas Basilikum abschmecken.

5 Die Stärke mit der Milch anrühren, in den Garsud einrühren, die Flüssigkeit aufkochen lassen. Dann die Sahne zugeben und die Sauce mit dem restlichen Meerrettich und etwas Basilikum würzen, mit Salz und Pfeffer abschmecken.

6 Auf jedem Teller je 2 Schollenröllchen mit Sauce, Bandnudeln und gedünstetem Gemüse anrichten; mit dem restlichen Basilikum garnieren.

Tipp

Anstelle der Bandnudeln können Sie im Frühjahr auch junge Kartoffeln reichen.
Wer möchte, kann den Meerrettich auch durch frisch geriebene Meerrettichwurzel ersetzen und das Gericht zusätzlich mit einigen Meerrettichraspeln bestreuen.

Lachs-Gemüse-Spieße

Für 2 Personen • Zubereitungszeit: ca. 30 Min.
pro Portion: ca. 500 kcal, 31 g E, 20 g F, 44 g KH, 3 KH-P

90 g Basmatireis
etwas Jodsalz
250 g Lachsfilet
1 Zucchini
2 Zwiebeln
1 Knoblauchzehe
2 – 3 Sardellenfilets aus dem Glas
1 TL eingelegte Kapern
1 EL Zitronensaft
2 EL trockener Sherry
50 ml Gemüsebrühe
etwas schwarzer Pfeffer aus der Mühle
8 Cocktailtomaten
2 EL Olivenöl
je 1 Zweig frischer Rosmarin und Thymian
6 lange Holzspieße

1 Den Reis in etwa der doppelten Menge leicht gesalzenem Wasser zum Kochen bringen und 12 – 15 Minuten garen.

2 Inwischen das Lachsfilet abspülen, trockentupfen und in 12 Würfel schneiden. Die Zucchini waschen, putzen, ein Drittel halbieren und dieses in etwa 1 cm dicke Scheiben schneiden. Den Rest der Zucchini längs in dünne Scheiben schneiden.

3 Für die Sauce die Zwiebeln und den Knoblauch schälen und fein hacken. Die Sardellen und Kapern ebenfalls fein hacken. Alle 4 Zutaten mit Zitronensaft, Sherry und der Gemüsebrühe verrühren und mit Salz und Pfeffer abschmecken.

4 Die Tomaten waschen und trocknen. Lachs, halbierte Zucchinischeiben und Tomaten abwechselnd auf 4 Holzspieße stecken; salzen und pfeffern.

5 Das Öl in einer Pfanne erhitzen, die Fischspieße darin von allen Seiten etwa 10 Minuten braten. Rosmarin und Thymian waschen und trockentupfen, Nadeln bzw. Blättchen von den Stielen zupfen und fein hacken. Die Kräuter zum Schluss über die Spieße geben.

6 Die Zucchinischeiben auf 2 Teller geben. Die Fischspieße darauf verteilen und mit der Sauce beträufeln. Den Reis dazu reichen.

Tipp

Geben Sie etwas Safran mit ins Kochwasser, dann bekommt der Reis eine schöne gelbe Farbe.

Anstelle von Lachskoteletts können Sie auch Lachsfiletwürfel mit Gemüse in der Alufolie garen: Dazu eine in Ringe geschnittene Stange Lauch, 2 gewürfelte Tomaten und in Ringe geschnittene Oliven mit den Lachswürfeln garen.

6 mittelgroße Kartoffeln (500 g)
etwas Jodsalz
2 Lachskoteletts à 160 g
Saft von 1/2 unbehandelten Zitrone
2 kleine Zwiebeln
2 EL flüssiger Honig
100 g Dijonsenf
2 Pck. TK-Dill
3 – 4 Spritzer Süßstoff
Alufolie zum Einschlagen

Lachskotelett mit Dill-Senf-Dip

Für 2 Personen • Zubereitungszeit: ca. 30 Min.
pro Portion: ca. 440 kcal, 33 g E, 11 g F, 49 g KH, 3 KH-P

1 Die Kartoffeln waschen, in leicht gesalzenem Wasser zum Kochen bringen und in etwa 20 Minuten garen. Den Backofen auf 200 °C vorheizen.

2 Inzwischen die Lachskoteletts kalt abspülen und trockentupfen. Jedes Lachskotelett auf ein großes Stück Alufolie legen, salzen und mit dem Zitronensaft beträufeln. Die Folie über dem Fisch locker verschließen und die Lachskoteletts im Backofen auf der mittleren Schiene 15 – 20 Minuten garen.

3 Inzwischen die Zwiebeln schälen und sehr fein würfeln. Den Honig mit dem Senf verrühren, die Zwiebelwürfel und den Dill unterheben. Den Dip mit etwas Salz und Süßstoff abschmecken.

4 Die Lachskoteletts mit den Pellkartoffeln und dem Dip servieren.

Kräuterforellen aus dem Ofen

Für 2 Personen • Zubereitungszeit: ca. 35 Min.
pro Portion: ca. 480 kcal, 49 g E, 12 g F, 41 g KH, 3 KH-P

2 ausgenommene Forellen à 375 g
1 unbehandelte Zitrone
je 1 Bd. Dill und Schnittlauch
3 Zweige Zitronenmelisse
etwas Jodsalz
etwas schwarzer Pfeffer aus der Mühle
6 mittelgroße Kartoffeln (500 g)
1 TL Butter
4 EL Schmand
4 EL Joghurt (1,5 % Fett)
Backpapier zum Einschlagen

1 Den Backofen auf 200 °C vorheizen. Die Forellen kalt abspülen und trockentupfen. Die Zitrone heiß abspülen, trockenreiben und halbieren. Die Forellen mit dem Saft einer halben Zitrone beträufeln.

2 Dill, Schnittlauch und Zitronenmelisse waschen, trockentupfen und fein hacken. Die Hälfte des Schnittlauchs beiseite stellen und die übrigen Kräuter mischen. Die Forellen innen und außen mit Salz und Pfeffer würzen und je 1 EL Kräutermischung in die Bauchhöhle geben.

3 Die Kartoffeln waschen, gründlich bürsten, in leicht gesalzenem Wasser zum Kochen bringen und in etwa 20 Minuten garen.

4 Für die Forellen 2 Stücke Backpapier mit der Butter bestreichen und auf jedes einen Fisch legen. Die übrige Kräutermischung und einige Zitronenscheiben darüber verteilen. Das Papier jeweils zu einem Päckchen verschließen und die Forellen im Backofen auf der mittleren Schiene etwa 25 Minuten garen.

5 Für den Dip Schmand, Joghurt und den zurückbehaltenen Schnittlauch verrühren; salzen und pfeffern. Die gebackenen Forellen mit den Pellkartoffeln und dem Schnittlauchdip servieren.

Tipp

Dazu passt frischer Blattsalat, und anstelle von Kartoffeln können Sie auch einen Kräuterreis dazu reichen.

Matjes bzw. Hering gehört zu den Fischen, die reich an Omega-3-Fettsäuren sind. Diese Fettsäuren tragen dazu bei, Sie vor Herz-Kreislauf-Erkrankungen zu schützen.

8 mittelgroße Kartoffeln (700 g)
etwas Jodsalz
1 kleine Zwiebel
1 Knoblauchzehe
100 g Magerquark
100 g saure Sahne (10 % Fett)
1 Pck. TK-Kräutermischung
etwas schwarzer Pfeffer aus der Mühle
1 rote Zwiebel (es wird nur die Hälfte benötigt)
4 Matjesfilets à 50 g

Matjes in Kräutersauce

Für 2 Personen • Zubereitungszeit: ca. 25 Min.
pro Portion: ca. 620 kcal, 34 g E, 28 g F, 54 g KH, 4 KH-P

1 Die Kartoffeln waschen, gründlich bürsten, in leicht gesalzenem Wasser zum Kochen bringen und in etwa 20 Minuten garen.

2 Inzwischen die weiße Zwiebel und den Knoblauch schälen und fein hacken. Zwiebeln und Knoblauch mit dem Quark, der sauren Sahne und den Kräutern verrühren; mit Salz und Pfeffer abschmecken.

3 Die Kartoffeln abgießen und kurz ausdampfen lassen. Die rote Zwiebel schälen und die Hälfte in feine Ringe schneiden, die andere Hälfte anderweitig verwenden. Auf jedem Teller 2 Matjesfilets mit Pellkartoffeln anrichten. Die Sauce über den Fisch geben und das Gericht mit den roten Zwiebeln garnieren.

Rotbarsch-Eintopf

Für 2 Personen • Zubereitungszeit: ca. 30 Min.
pro Portion: ca. 460 kcal, 30 g E, 12 g F, 55 g KH, 4 KH-P

1 Zwiebel
3 mittelgroße Kartoffeln (290 g)
1 kleine rote Paprikaschote
1 kleines Stück Brokkoli (150 g)
1 EL Rapsöl
600 ml Hühnerbrühe
(z. B. Instant)
80 g Maiskörner (aus der Dose)
200 g Rotbarschfilet
Saft von 1/2 Zitrone
2 EL TK-Kräuter der Provence
etwas Jodsalz
etwas schwarzer Pfeffer aus
der Mühle
2 Vollkornbrötchen à 60 g

1 Die Zwiebel schälen und in Würfel schneiden. Die Kartoffeln waschen, schälen und grob würfeln. Die Paprikaschote waschen, putzen und in mundgerechte Stücke schneiden. Den Brokkoli putzen, waschen und in kleine Röschen zerteilen.

2 Das Öl in einem Topf erhitzen. Zwiebel-, Kartoffelwürfel, Paprikastücke und Brokkoliröschen hineingeben und andünsten. Das Gemüse mit der Hühnerbrühe ablöschen und alles etwa 10 Minuten kochen lassen.

3 Den Mais abtropfen lassen, zum Gemüse geben und das Ganze weitere 5 Minuten garen.

4 Unterdessen den Fisch kalt abspülen, trockentupfen und in mundgerechte Würfel schneiden. Die Fischstücke dann in die Suppe geben und etwa 5 Minuten darin ziehen lassen.

5 Das Gericht vor dem Servieren mit Zitronensaft, Kräutern der Provence, Salz und Pfeffer abschmecken. Den Eintopf in tiefe Teller geben und dazu je 1 Brötchen reichen.

Tipp

Je nach Saison oder den Vorräten im Kühlschrank können Sie auch anderes Gemüse, etwa Fenchel, Zucchini, Tomaten oder Erbsen, in den Eintopf geben.
Übrigens: Falls Ihnen der Eintopf zu flüssig ist, binden Sie ihn doch einfach mit 2 EL Flockenpüree.

Bandnudel-Makrelen-Gratin

Für 2 Personen • Zubereitungszeit: ca. 25 Min.
pro Portion ca. 520 kcal, 36 g E, 16 g F, 56 g KH, 4 KH-P

3 mittelgroße Stangen Lauch
120 g lange Bandnudeln
etwas Jodsalz
je 1 Bd. Petersilie und Schnittlauch
150 g geräuchertes Makrelenfilet
200 g Magerquark
etwas schwarzer Pfeffer aus der Mühle
1/2 TL Rapsöl

1 Den Lauch putzen und waschen. Das Grün abschneiden, die Stangen längs halbieren und in lange dünne Streifen schneiden.

2 Die Bandnudeln nach Packungsanweisung bissfest garen. Die Lauchstreifen nach etwa 3 Minuten Garzeit dazugeben. Nudeln und Lauch in ein Sieb geben, abschrecken und abtropfen lassen.

3 Die Kräuter waschen und hacken. Das Makrelenfilet häuten und in eine kleine Schüssel geben. Den Quark und die Hälfte der Kräuter hinzufügen. Das Ganze mit einer Gabel zu einer Paste zerdrücken. Mit Pfeffer würzen. Den Backofengrill vorheizen.

4 Nudeln und Lauch mit 1/3 vom Makrelen-Kräuter-Quark verrühren. 2 Gratin-Portionsformen (etwa 15 cm lang) leicht einfetten. Die Nudel-Lauch-Mischung mit einer Gabel zu Nestern aufrollen und in die Form geben. Die übrige Paste darüber streichen. Auf der obersten Schiene etwa 5 Minuten gratinieren. Mit den restlichen Kräutern bestreuen.

Tipp

Den Lauch können Sie je nach Saison auch gut gegen jungen Spinat austauschen.

Falls Sie den Eintopf lieber mit Fleisch essen, nehmen Sie eine kleine Menge klein geschnittenenes Kasseler, das Sie zum Schluss hinzufügen. Dieses ist fettärmer als Wurst oder Bauchfleisch.

8 mittelgroße Kartoffeln (750 g)
700 ml Gemüsebrühe
1/2 mittelgroßer Kopf Wirsing
etwas Jodsalz
etwas schwarzer Pfeffer aus der Mühle
1 Msp. Muskat
1 EL mittelscharfer Senf
3 EL Sahne
150 g geräuchertes Makrelenfilet
2 EL fein gehackte glatte Petersilie

Wirsingeintopf mit Makrele

Für 2 Personen • Zubereitungszeit: ca. 25 Min.
pro Portion: ca. 530 kcal, 23 g E, 19 g F, 64 g KH, 4 KH-P

1 Die Kartoffeln waschen, schälen und in kleine Würfel schneiden. Den Wirsing putzen und in feine Streifen schneiden. Die Wirsingstreifen auf ein Sieb geben, kurz kalt überbrausen und abtropfen lassen.

2 Kartoffeln und Wirsing zusammen mit der Gemüsebrühe in einen Topf geben, aufkochen und etwa 15 Minuten garen; mit Salz, Pfeffer, Muskat und Senf abschmecken. Zum Abrunden etwas Sahne unterrühren.

3 Das Makrelenfilet in mundgerechte Stücke teilen, zum Eintopf geben und darin 2–3 Minuten erwärmen. Den Wirsingeintopf auf 2 tiefe Teller verteilen und mit der Petersilie garnieren.

Spanischer Thunfischeintopf

Für 2 Personen • Zubereitungszeit: ca. 50 Min.
pro Portion ca. 630 kcal, 38 g E, 32 g F, 40 g KH, 2,5 KH-P

1 Zwiebel
2 Knoblauchzehen
2 kleine grüne Paprikaschoten
4 mittelgroße Tomaten
500 g Kartoffeln
1 EL Olivenöl
75 ml Fischfond (z. B. aus dem Glas, ersatzweise Wasser)
etwas Jodsalz
etwas weißer Pfeffer aus der Mühle
300 g Thunfischfilet
10 grüne Oliven ohne Stein

1 Die Zwiebel und den Knoblauch schälen und fein hacken. Die Paprikaschoten waschen, putzen und in kleine Würfel schneiden. Die Tomaten über Kreuz einritzen, mit kochendem Wasser überbrühen und kalt abschrecken. Die Tomaten enthäuten, die Stielansätze herausschneiden, und das Fruchtfleisch fein hacken. Die Kartoffeln waschen, schälen und in große Würfel schneiden.

2 Das Öl in einem Topf erhitzen; die Zwiebel und den Knoblauch darin glasig dünsten. Paprikawürfel, Tomaten und Kartoffelwürfel dazugeben. Den Fischfond angießen und das Ganze mit etwas Salz und Pfeffer würzen.

3 Das Gemüse zugedeckt etwa 20 Minuten garen. In der Zwischenzeit den Thunfisch kalt abspülen, trockentupfen und in etwa 3 cm große Würfel schneiden.

4 Den Thunfisch auf das Gemüse legen und alles nochmals etwa 8 Minuten garen. In der Zwischenzeit die Oliven in Scheiben schneiden. Den Thunfischeintopf zum Servieren mit den Oliven bestreuen.

Tipp

Sie können anstelle von Thunfisch auch Schwertfisch oder Lachs nehmen.

Die genaue Garzeit des Fischs richtet sich nach der Dicke des Filets. Er sollte gerade nicht mehr glasig sein.
Wer keinen Mörser besitzt, kann die Safranfäden auch zwischen den Fingern zerreiben.

1 Möhre
1/2 kleine Stange Lauch
1 Stange Staudensellerie
1 Knoblauchzehe
2 EL Olivenöl
400 ml Fischfond (z. B. aus dem Glas)
1/4 TL Safranfäden
etwas Jodsalz
90 g Vollkornreis
300 g Fischfilet (z. B. Lachs, Seeteufel, Steinbutt, Drachenkopf)
2 kleine Fenchelknollen

Fenchel-Fisch-Topf

Für 2 Personen • Zubereitungszeit: ca. 1 Std.
pro Portion ca. 680 kcal, 37 g E, 31 g F, 62 g KH, 3 KH-P

1 Möhre, Lauch und Sellerie waschen, putzen und klein schneiden. Den Knoblauch schälen und durchpressen.

2 Das Öl in einem Topf erhitzen, Gemüse und Knoblauch darin glasig dünsten. Den Fischfond angießen. Den Safran zusammen mit etwas Salz in einem Mörser zerreiben und zum Gemüse geben. Alles etwa 30 Minuten köcheln lassen.

3 In der Zwischenzeit den Reis in leicht gesalzenem Wasser zum Kochen bringen und etwa 30 Minuten garen. Das Fischfilet kalt abspülen, trockentupfen und in 3 cm dicke Streifen schneiden. Den Fenchel waschen, putzen, vierteln und quer in dünne Scheiben schneiden.

4 Fisch und Fenchel in den Gemüse-Fischfond geben und darin 5–10 Minuten ziehen lassen. Den Fischtopf zusammen mit dem Reis servieren.

Schwertfischspieße

Für 2 Personen • Zubereitungszeit: ca. 1 Std.
pro Portion ca. 490 kcal, 34 g E, 20 g F, 40 g KH, 3 KH-P

Für die Spieße:
300 g Schwertfischfilet
1 unbehandelte Zitrone
1 1/2 EL Olivenöl
etwas Jodsalz
etwas schwarzer Pfeffer aus der Mühle
1 TL frische Rosmarinnadeln
4 Schaschlikspieße

Für den Kräuterreis:
90 g Vollkornreis
etwas Jodsalz
100 g Fenchel
75 g Blattspinat
je 3 Zweige Dill und glatte Petersilie
1 TL Olivenöl

1 Für den Kräuterreis den Reis in 200 ml leicht gesalzenem Wasser zum Kochen bringen und etwa 30 Minuten garen.

2 Inzwischen das Schwertfischfilet kalt abspülen, gut trockentupfen und in 2–3 cm große Würfel schneiden. Die Zitrone heiß abspülen, trockenreiben, quer halbieren und die Hälften in Achtel schneiden.

3 Die Zitronenstücke abwechselnd mit dem Schwertfisch auf die Schaschlikspieße stecken. Die Spieße auf einen flachen Teller legen, mit 1 EL Olivenöl beträufeln und mit Salz und Pfeffer würzen. Die Rosmarinnadeln darüber streuen und den Fisch abgedeckt im Kühlschrank etwa 30 Minuten marinieren lassen.

4 In der Zwischenzeit für den Kräuterreis den Fenchel waschen, putzen und fein hacken. Den Blattspinat waschen, verlesen und trockenschleudern. Die harten Stiele abschneiden und die Blätter in Streifen schneiden. Die Kräuter waschen, trockentupfen, grobe Stiele entfernen und die Blättchen klein schneiden.

5 Eine beschichtete Pfanne mit wenig Olivenöl ausstreichen und erhitzen. Die Schwertfischspieße darin von allen Seiten bei mittlerer Hitze 5–10 Minuten braten.

6 Den Fenchel, den Spinat und die Kräuter unter den Reis mischen, das restliche Olivenöl darunter rühren. Die Spieße zusammen mit dem Kräuterreis anrichten.

Tipp

Wenn Sie Fenchel nicht roh mögen, dünsten Sie ihn zusammen mit dem Spinat in wenig Öl leicht an, bevor Sie ihn mit dem Reis mischen.

Gnocchi mit Gemüse

1 Zwiebel
2 – 3 Stangen Staudensellerie (150 g)
1 kleine Zucchini (150 g)
1 gelbe Paprikaschote (200 g)
1 EL Rapsöl
etwas schwarzer Pfeffer aus der Mühle
250 ml passierte gewürzte Tomaten
etwas Jodsalz
250 g frische Gnocchi (aus dem Kühlregal)
30 g frisch geriebener Parmesan

Für 2 Personen • Zubereitungszeit: ca. 25 Min.
pro Portion ca. 420 kcal, 18 g E, 14 g F, 54 g KH, 4 KH-P

1 Die Zwiebel schälen und fein hacken. Den Staudensellerie waschen, putzen und in kleine Stückchen schneiden. Die Zucchini waschen, putzen, zweimal längs halbieren und ebenfalls in Stückchen schneiden. Die Paprikaschote waschen, putzen und in kleine Würfel schneiden.

2 Das Öl in einer beschichteten Pfanne erhitzen. Das vorbereitete Gemüse darin anbraten, salzen und pfeffern und etwa 10 Minuten zugedeckt garen.

3 Für die Gnocchi Salzwasser zum Kochen aufsetzen. Die passierten Tomaten zum Gemüse in der Pfanne geben, alles vermengen und weitere 5 Minuten garen.

4 Kurz bevor die Gemüsesauce fertig ist, die Gnocchi im siedenden Salzwasser etwa 2 Minuten gar ziehen lassen, dann abgießen. Die Gnocchi mit dem Gemüseragout auf Tellern anrichten und mit dem Parmesan bestreuen.

Tipp

Falls Sie ungewürzte, passierte Tomaten verwenden, geben Sie zusammen mit den Tomaten 1 EL Pizzagewürz oder andere Mittelmeerkräuter zur Gemüsesauce.

Spaghetti mit Pilzen

Für 2 Personen • Zubereitungszeit: ca. 45 Min.
pro Portion ca. 390 kcal, 15 g E, 18 g F, 45 g KH, 4 KH-P

350 g braune Champignons
1 Knoblauchzehe
1 Schalotte
50 g Rucola
120 g Spaghetti
etwas Jodsalz
2 EL Olivenöl
etwas schwarzer Pfeffer aus der Mühle
20 g frisch geriebener Parmesan

1 Die Champignons putzen, mit einem Küchentuch abreiben und in dünne Scheiben schneiden. Die Knoblauchzehe und die Schalotte schälen und fein hacken.

2 Den Rucola verlesen, waschen und die Stielenden abschneiden. Die Blätter trockenschleudern und quer in etwa 2 cm lange Stücke schneiden.

3 Die Nudeln nach Packungsanweisung in reichlich kochendem Salzwasser bissfest garen.

4 Inzwischen das Olivenöl in einer beschichteten Pfanne erhitzen und die Schalottenwürfel und den Knoblauch darin glasig dünsten. Die Champignons dazugeben und unter häufigem Wenden von allen Seiten braten; etwas salzen.

5 Den Rucola unter die Pilze mischen, das Gemüse nochmals kurz erhitzen, mit Salz und Pfeffer abschmecken.

6 Die Nudeln auf Tellern anrichten, darauf das Pilzgemüse geben und mit dem Parmesan bestreuen.

Tipp

Kommen im Herbst Steinpilze auf den Markt, sollten Sie das Gericht damit zubereiten. Den Rucola können Sie auch durch Frühlingszwiebeln oder Lauch ersetzen. Geben Sie dann noch etwas frisches Basilikum oder frischen Thymian dazu.

Zu diesem Nudelgericht passt als Vorpeise ein »Zucchinisalat« (S. 27).

800 g reife feste Tomaten
10 große Blätter Basilikum
120 g Vollkornspaghetti
etwas Jodsalz
1 große Zwiebel
1 kleine Knoblauchzehe
2 EL Olivenöl
etwas schwarzer Pfeffer aus der Mühle
50 g frisch geriebener Pecorino (italienischer Hartkäse aus Schafsmilch)

Spaghetti mit Tomaten

Für 2 Personen • Zubereitungszeit: ca. 30 Min.
pro Portion ca. 500 kcal, 21 g E, 21 g F, 57 g KH, 3 KH-P

1 Die Tomaten waschen und halbieren, Stielansätze und Kerne entfernen und die Tomaten in etwa 1 cm große Würfel schneiden. Das Basilikum waschen, trockentupfen und in feine Streifen schneiden.

2 Die Spaghetti nach Packungsanweisung in reichlich kochendem Salzwasser bissfest garen. Inzwischen die Zwiebel und den Knoblauch schälen und beides fein hacken. Das Öl in einer beschichteten Pfanne erhitzen. Zwiebeln und Knoblauch darin glasig dünsten und beiseite stellen.

3 Kurz bevor die Nudeln gar sind, Zwiebeln und Knoblauch nochmals gut erhitzen. Die Tomaten hineingeben und unter Rühren ganz kurz erwärmen. Sie sollen tatsächlich nur warm werden und dürfen dabei nicht zu viel Wasser ziehen. Die Tomaten mit Salz und Pfeffer abschmecken.

4 Die Nudeln abgießen, mit den Tomaten sowie dem Basilikum mischen und sofort zusammen mit dem Käse servieren.

Roter Linseneintopf

Für 2 Personen • Zubereitungszeit: ca. 30 Min.
pro Portion ca. 410 kcal, 29 g E, 13 g F, 41 g KH, 3 KH-P

1 Stange Lauch
1–2 Stangen Staudensellerie
½ mittelgroße Zucchini
1 kleine Fenchelknolle
1 EL Rapsöl
750 ml Gemüsebrühe (z. B. Instant)
1 Knoblauchzehe
120 g getr. rote Linsen
40 g Parmesan am Stück
4 Zweige glatte Petersilie
2 EL Tomatenmark
4 EL Weißwein oder etwas milder Weißweinessig
etwas Jodsalz
etwas schwarzer Pfeffer aus der Mühle

1 Den Lauch putzen, waschen und in schräge Ringe schneiden. Den Staudensellerie waschen, putzen und klein schneiden.

2 Die Zucchini waschen, putzen, der Länge nach vierteln und quer in kleine Stücke schneiden. Die Fenchelknolle waschen, putzen und grob würfeln.

3 Das Rapsöl in einem Topf erhitzen und das Gemüse darin andünsten, mit der Gemüsebrühe ablöschen und etwa 10 Minuten köcheln lassen.

4 Die Knoblauchzehe schälen und durch eine Presse zum Eintopf pressen. Die roten Linsen hinzufügen und das Ganze weitere 10 Minuten köcheln lassen.

5 Inzwischen den Parmesan reiben. Die Petersilie waschen und trockentupfen. Die Blättchen von den Stielen zupfen und fein hacken.

6 Den fertig gegarten Eintopf mit Tomatenmark, Weißwein oder Essig, Salz und Pfeffer würzen und abschmecken. Das Gericht auf tiefe Teller oder in Suppentassen verteilen und mit dem Parmesan und der Petersilie bestreuen.

Tipp

Der Eintopf lässt sich auch mit Fleisch und trotzdem fettarm zubereiten. Nehmen Sie z. B. eine Geflügelwurst und schneiden Sie diese in Scheiben in den Eintopf. Auch klein gewürfelter gekochter Schinken ist geeignet. Um Kalorien zu sparen, sollten Sie dann auf den Käse verzichten.

Spinat-Parmesan-Risotto

Für 2 Personen • Zubereitungszeit: ca. 30 Min.
pro Portion ca. 360 kcal, 14 g E, 9 g F, 50 g KH, 4 KH-P

1 Zwiebel
1 Knoblauchzehe
225 g aufgetauter TK-Blattspinat
30 g Parmesan am Stück
1 TL Butter
1 TL Olivenöl
120 g Risottoreis
50 ml trockener Weißwein
200 – 250 ml Gemüsebrühe (z. B. Instant)
etwas Jodsalz
etwas schwarzer Pfeffer aus der Mühle
4 Zweige Basilikum

1 Die Zwiebel und den Knoblauch schälen und sehr fein hacken. Den aufgetauten Blattspinat mit einer Gabel etwas zerpflücken.

2 Vom Parmesan einige Späne mit einem Küchenmesser oder Sparschäler abschneiden. Den restlichen Parmesan reiben.

3 Butter und Öl in einem großen Topf erhitzen. Den Risottoreis zusammen mit der Zwiebel und dem Knoblauch hineingeben und anschwitzen, dann mit dem Wein ablöschen. Die Gemüsebrühe nach und nach angießen und unterrühren. Den Reis etwa 15 Minuten bei reduzierter Temperatur köcheln lassen.

4 Etwa 5 Minuten vor Ende der Garzeit den Spinat unter das Risotto heben und erhitzen. Das Gericht mit Salz und Pfeffer würzen. Das Basilikum waschen, trockentupfen und in feine Streifen schneiden.

5 Den geriebenen Parmesan unter das Risotto rühren. Alles auf Teller verteilen und mit den Parmesanspänen und den Basilikumstreifen garnieren.

Tipp

Anstelle von Spinat können Sie im Frühjahr Stücke von grünem Spargel und im Herbst Kürbiswürfel unter das Risotto mischen. Den Spargel sollten Sie etwa 5 Minuten vorgaren, die Kürbisstücke in etwas Butter anbraten, bevor Sie sie zum Reis geben.

Wenn Sie keine Gewichtsprobleme haben, können Sie zusätzlich noch etwa 50 g fein geriebenen Emmentaler auf die fast fertig gebackenen Rösti geben und zugedeckt schmelzen lassen.

700 g Kartoffeln
2 Zwiebeln
etwas Jodsalz
3 EL Rapsöl
1 kleine Zucchini
3 kleine Möhren
1 kleiner Kohlrabi
50 g Joghurt (1,5 % Fett)
2 EL Obstessig
1 EL Senf
etwas schwarzer Pfeffer aus der Mühle
2 EL TK-Kräutermischung

Kartoffelrösti mit Rohkost

Für 2 Personen • Zubereitungszeit: ca. 30 Min.
pro Portion ca. 440 kcal, 16 g E, 16 g F, 58 g KH, 4 KH-P

1 Die Kartoffeln waschen, schälen und fein reiben. 1 Zwiebel schälen und ebenfalls fein reiben. (Am besten verwenden Sie für beides eine Küchenmaschine.) Die geriebene Zwiebel und etwas Salz unter die Kartoffelmasse mischen.

2 Jeweils 1 EL Öl in 2 beschichteten Pfannen erhitzen. In jede Pfanne die Hälfte der Masse geben und mit einem Pfannenwender flach drücken. Die Kartoffelmasse bei mittlerer Hitze etwa 10 Minuten backen, dann auf einen Deckel oder Teller stürzen. Je 1 TL Öl in die Pfannen geben, die Rösti auch auf der zweiten Seite goldbraun backen.

3 Inzwischen für die Rohkost das Gemüse waschen und putzen, Möhren und Kohlrabi schälen. Alles Gemüse grob raspeln. Die zweite Zwiebel schälen und fein hacken. Alles zusammen in eine Schüssel geben.

4 Aus Joghurt, Essig und Senf ein Dressing rühren. Mit Salz, Pfeffer und den Kräutern abschmecken. Das Dressing unter die Rohkost mengen. Die Rösti mit der Rohkost servieren.

Pfannkuchen mit Gemüsefüllung

Für 2 Personen • Zubereitungszeit: ca. 30 Min.
pro Portion ca. 320 kcal, 12 g E, 21 g F, 21 g KH, 1 KH-P

40 g Weizenvollkornmehl
1 Ei
100 ml Milch (1,5 % Fett)
etwas Jodsalz
10 g Butter
1 Zwiebel
1 EL Rapsöl
300 g TK-Gemüsemischung (z. B. Brokkoli, Blumenkohl, Möhren, Stangenbohnen)
1 Msp. Muskat
etwas schwarzer Pfeffer
100 ml Gemüsebrühe
3 EL fein gehackte Petersilie

1 Das Mehl in einer Schüssel mit dem Ei, Milch und etwas Salz zu einem glatten Teig rühren.

2 Etwa 1 TL Butter in einer beschichteten Pfanne zerlassen und darin einen Pfannkuchen backen. Den zweiten Pfannkuchen in der restlichen Butter backen. Die Pfannkuchen im Ofen warm stellen.

3 Die Zwiebel schälen und fein hacken. Das Rapsöl in der Pfanne erhitzen. Die Zwiebel darin glasig dünsten, die Gemüsemischung hinzugeben und anbraten. Alles mit Muskat, Salz und Pfeffer abschmecken.

4 Die Gemüsebrühe angießen. Das Ganze zugedeckt etwa 5 Minuten garen, zum Schluss nochmals abschmecken und mit der Petersilie bestreuen.

5 Auf jeden Pfannkuchen die Hälfte der Gemüsemischung geben, die Pfannkuchen zusammenklappen und sofort servieren.

Tipp

Wenn es die Zeit erlaubt, lassen Sie den Pfannkuchenteig vor dem Backen etwas quellen.

Wenn Sie gekochte Kartoffelreste vom Vortag haben, können Sie auch diese verwenden. Dann brauchen Sie die Kartoffeln zuvor nicht so lange im Öl anbraten.

1 Zwiebel
1 Knoblauchzehe
2 EL Olivenöl
1 Dose geschälte Tomaten (400 g)
350 g Kartoffeln
1 kleine rote Paprikaschote
100 g aufgetaute TK-Erbsen
4 Eier
100 ml Milch (1,5 % Fett)
etwas Jodsalz
etwas schwarzer Pfeffer aus der Mühle
1/4 TL edelsüßes Paprikapulver
3 EL gehacktes Basilikum

Gemüse-Kartoffel-Omelett

Für 2 Personen • Zubereitungszeit: ca. 30 Min.
pro Portion ca. 500 kcal, 26 g E, 25 g F, 40 g KH, 2,5 KH-P

1 Die Zwiebel und den Knoblauch schälen und fein hacken. Etwa 1 TL Olivenöl in einem kleinen Topf erhitzen. Die Zwiebel und den Knoblauch darin glasig dünsten. Die Tomaten zugeben und alles 15 – 20 Minuten offen köcheln lassen.

2 Inzwischen die Kartoffeln waschen, schälen und in kleine Würfel scheiden. Die Kartoffelwürfel in einer beschichteten Pfanne in etwa 1 EL Öl 5 – 10 Minuten braten; dabei gelegentlich wenden. Unterdessen die Paprikaschote waschen, putzen und ebenfalls würfeln. Zusammen mit den Erbsen zu den Kartoffeln geben.

3 Das restliche Öl in der Pfanne erhitzen. Die Eier mit der Milch verquirlen, mit Salz, Pfeffer und Paprikapulver würzen. Die Eiermilch über das Gemüse in der Pfanne gießen und zugedeckt in etwa 10 Minuten stocken lassen.

4 Die Tomatensauce mit Salz und Pfeffer abschmecken und das Basilikum unterheben. Das Omelett in 4 gleich große Tortenstücke schneiden. Je 2 Stücke auf 1 Teller geben und mit Tomatensauce servieren.

Desserts und Süßspeisen

Süßes für Diabetiker: Genuss ohne Reue

Dass wir Süßes mögen, ist angeboren. Inzwischen haben uns aber die stark gesüßten künstlichen Lebensmittel oft nicht nur den Süßgeschmack, sondern auch die Gesundheit verdorben.
Doch wir können lernen, sanft Gesüßtes aus der eigenen Küche wieder als süß genug zu empfinden und ohne schlechtes Gewissen zu genießen.

Sie möchten Ihren Diabetes auf gesunde Weise in den Griff bekommen und trotzdem die Freude am Essen nicht verlieren. Dann kann Ihnen dieses Kapitel zeigen, wie Sie auch Süßes ohne Reue in Ihren Speiseplan einbauen können.

Moderne Diabetikerernährung im Wandel

Früher wurde für Diabetiker eine kohlenhydratarme Kost propagiert. Glücklicherweise sind diese Zeiten vorbei! Die moderne Diabetikerernährung schließt heute auch den Genuss von zuckergesüßten Süßspeisen und Desserts mit ein. Denn das frühere strenge Zuckerverbot hat bei vielen regelmäßig so genannte Heißhungerattacken ausgelöst, und der ewige Stress mit dem Verzicht minderte die Lebensqualität. Heute weiß man: Diabetiker, die sich Süßes in Maßen erlauben, werden nicht von Heißhungerattacken geplagt und haben mehr Freude am Essen.

Ein Stück normale Schokolade hin und wieder ist durchaus erlaubt.

Diabetikerprodukte oft extrem süß

Spezielle Produkte wie Diabetikerschokolade oder -pralinen waren früher für viele Diabetiker die einzige Möglichkeit, Süßes zu genießen. Leider haben diese Produkte neben einem hohen Fett- und damit Kaloriengehalt auch den Nachteil, dass sie oft extrem süß schmecken. Dies lässt das Geschmacksempfinden abstumpfen – mit der Folge, dass mäßig gesüßte »normale« Süßspeisen nicht mehr schmecken. Auch aus diesem Grund können spezielle Diabetikerprodukte heute nicht mehr empfohlen werden.

Ein Ziel der modernen Diabetikerernährung ist deshalb, die Schwelle für das Süßempfinden nach und nach zu senken. Auf diese Weise können Diabetiker lernen, mit weniger Süßungsmitteln auszukommen, ohne auf Genuss zu verzichten.

Frisches Obst stillt das Verlangen nach Süßem auf gesunde Art. Essen Sie deshalb täglich 1 – 2 Portionen davon. Da Obst aber auch Kohlenhydrate enthält, muss es berechnet werden. Schauen Sie dazu in eine Kohlenhydrat-Tabelle und wiegen Sie die Früchte entsprechend Ihres KH-P-Tagesplans ab. Wenn Sie keine KH-P berechnen, können Sie das Obst etwas großzügiger abschätzen.

Den Geschmack für Süßes sensibilisieren

Jeder Mensch empfindet von Geburt an eine besondere Vorliebe für Süßes. Allerdings entwickeln wir durch den Genuss von fertig gekauften, stark gesüßten Süßgkeiten im Lauf des Lebens oft eine sehr hohe Süßschwelle.

Doch wie kann man die Süßschwelle senken, ohne auf Süßes verzichten zu müssen? Der erste Schritt ist, keine stark gesüßten, »fertigen« Süßspeisen mehr zu verwenden. Versuchen Sie dann, Ihre selbst zubereiteten Speisen stufenweise weniger zu süßen. Dabei sollten Sie anrechnungspflichtige Süßungsmittel, wie Zucker, Honig oder Sirup generell sparsam einsetzen. Sind Ihnen die Speisen noch nicht süß genug, süßen Sie mit künstlichen Süßstoffen nach. Dazu gehören handelsübliche Produkte aus Cyclamat, Saccharin, Acesulfam K, Aspartam u. a. Diese Süßstoffe sind kalorien- und kohlenhydratfrei und brauchen deshalb nicht angerechnet zu werden. Dieser Vorzug sollte aber nicht dazu führen, mit Süßstoffen verschwenderisch umzugehen. Nur ein maßvoller Gebrauch von Süßungsmitteln aller Art senkt Ihre Süßschwelle wirklich.

Die Rezepte in diesem Buch sind so gestaltet, dass alle Speisen durch Zucker, Honig oder Früchte eine leichte Grundsüße erhalten, die Sie nach Ihrem persönlichen Geschmack erhöhen können.

Praktische Tipps

Süßstoffe richtig einsetzen

Kalorienfreie Süßstoffe gibt es als Tabletten, Flüssig- oder Streusüße. Eine Süßstofftablette entspricht ungefähr der Süßkraft eines Stück Würfelzuckers. Süßstofftabletten sind nützliche Helfer zum Süßen heißer Getränke (Kaffee, Tee), heißer Fruchtsaucen oder Puddings. Sie sind leicht dosierbar und deshalb besonders geeignet, die Süße schrittweise zu verringern.

Dagegen hat ein Teelöffel Flüssigsüße die Intensität von etwa vier gehäuften Esslöffeln Zucker. Flüssigsüße eignet sich deshalb besonders zum Süßen von Speisen, die in größeren Mengen hergestellt werden, wie Kuchenteig oder Marmelade. Wenn Sie kalte Speisen verfeinern möchten, ist Flüssigsüßstoff ebenfalls das Mittel der Wahl. Aber vorsichtig dosieren!

Eine besondere Variante stellt die Streusüße dar, die auf den ersten Blick wie normaler Zucker aussieht. Frisches Obst lässt sich hiermit nicht nur süßen, sondern auch dekorieren. Besondere Dosierungsanweisungen stehen auf der Produktverpackung.

Wichtige Regeln für den Genuss ohne Reue

- Zucker immer »verpackt« verzehren, d. h. nur in Kombination mit eiweiß- und fetthaltigen Lebensmitteln essen. Das verzögert den Zuckereinstrom ins Blut.
- Bis zu 50 g Zucker am Tag sind erlaubt, das sind etwa 2 1/2 gehäufte Esslöffel. Beachten Sie aber, dass darin verarbeiteter Zucker in Süß- oder Backwaren bereits enthalten ist.
- Alternative Süßungsmittel wie Honig, Sirup und Dicksäfte sind gegenüber normalem Zucker hinsichtlich Kaloriengehalt und Wirkung auf den Blutzucher nicht günstiger zu bewerten. Sie haben allerdings den Vorteil, dass sie das Süßempfinden stärker beeinflussen als Zucker. Achtung ist geboten: Die Alternativen haben oft einen intensiven Eigengeschmack!

Bei den Rezepten in diesem Kapitel geht es quer durch den süßen Speiseplan, angefangen von Hauptgerichten über Desserts und Geeistes bis hin zu Konfitüren und Gelees.
Während die süßen Hauptspeisen jeweils für 2 Personen berechnet wurden, sind die übrigen Süßspeisen, da sie oft auch für Gäste zubereitet werden, für 4 Personen konzipiert.

Ob weißer Zucker, brauner Zucker oder Honig – diese Süßungsmittel unterscheiden sich hinsichtlich ihrer Wirkung auf den Blutzucker kaum.

Süße Hauptgerichte gehören dazu

Süße Hauptgerichte sind naturgemäß reich an Kohlenhydraten. Da wir hier bei der Rezeptzusammenstellung überwiegend Vollkornprodukte vorgesehen haben, steigt trotz des hohen Kohlenhydratanteils der Blutzuckerspiegel nach der Mahlzeit nur sanft an und sinkt auch wieder sanft ab – Blutzuckerspitzen werden vermieden. Wir haben überwiegend alternative Süßungsmittel verwendet, da diese den Eigengeschmack der Speisen hervorheben.

Schnelle Desserts – auch für zwischendurch

Diese Süßspeisen sind einfach zuzubereiten und ruck, zuck fertig. Sie eignen sich besonders gut, wenn Überraschungsgäste kommen. Die Gerichte enthalten etwa 2 KH-P, sodass sie auch gut als eigenständige süße Zwischenmahlzeiten vernascht werden können. Diabetiker verspüren besonders abends häufig »Süßhunger«. Planen Sie sich also ruhig regelmäßig eine süße Spätmahlzeit ein.

Rezepte mit dem gewissen Etwas

Bei unseren Rezepten dürfen Desserts für festliche Anlässe nicht fehlen. Diese Desserts sind in ihrem Kohlenhydrat- und Fettgehalt unterschiedlich zusammengesetzt. Rezepte mit niedrigem KH-P- und Fettgehalt, z. B. die Limettencreme oder das Vanilleflammeri, kombinieren Sie am besten mit etwas üppigeren Hauptmahlzeiten. Die Desserts mit hohem KH-P- und Fettgehalt dagegen, z. B. das Schokoladensoufflé, passen zu leichten Hauptgerichten. Die kalorienarmen Sorbets wiederum haben als Appetizer in jedem Mehrgängemenü einen festen Platz. Sie werden jeweils frisch zubereitet. Die Eisrezepte dagegen können Sie auch sehr gut auf Vorrat zubereiten. Hier dürfen Sie ruhig experimentieren. Schließlich sind diese Desserts wirklich etwas Besonderes.

Der »süße« Start in den Tag

Für viele – auch für Diabetiker – gehört ein süßes Frühstück einfach dazu. In diesem Buch finden Sie Konfitüren- und Geleerezepte nach dem 3 : 1-Schema (3 Teile Frucht : 1 Teil Zucker). Hiervon können Sie 2 Teelöffel täglich einplanen. Vielleicht probieren Sie auch einmal einen Konfitürejoghurt oder -quark als Zwischenmahlzeit (1 Becher Naturjoghurt oder Quark mit 2 Teelöffeln Konfitüre vermischen). Schmeckt wirklich lecker.

Buttermilchwaffeln mit Obstsalat

Für 10 Waffeln • Zubereitungszeit: ca. 30 Min.
pro Stück ca. 340 kcal, 11 g E, 15 g F, 40 g KH, 3,5 KH-P

Für die Waffeln:
125 g Margarine
4 EL flüssiger Honig
1 Prise Jodsalz
4 Eier
1 TL Backpulver
250 g Weizenmehl (Type 550)
1/4 l Buttermilch
1 TL Sonnenblumenöl für das Waffeleisen

Für den Obstsalat:
1 kg Joghurt (1,5 % Fett)
50 g flüssiger Honig
flüssiger Süßstoff nach Belieben
1 kg gemischtes Obst der Saison (z. B. Kirschen, Erdbeeren, Birnen, Äpfel, Pfirsiche, Physalis)

1 Die Margarine mit dem Honig, dem Salz und den Eiern mit den Schneebesen eines Handrührgeräts oder einer Küchenmaschine schaumig rühren.

2 Das Backpulver mit dem Mehl vermischen. Abwechselnd 1 Esslöffel Mehl und Buttermilch zu der Schaummasse geben und dabei nach und nach alles mit dem Kochlöffel zu einem dickflüssigen Teig verrühren.

3 Das Waffeleisen erhitzen und mit wenig Öl einpinseln. Jeweils eine kleine Schöpfkelle Teig hineingeben, das Waffeleisen vorsichtig schließen und die Waffeln in 4–6 Minuten goldbraun backen.

4 Inzwischen für den Obstsalat den Joghurt in eine Schüssel geben und mit dem Honig und nach Belieben zusätzlich mit Süßstoff süßen. Alles gut vermischen.

5 Das Obst waschen, schälen und eventuell entsteinen bzw. entkernen. Das Fruchtfleisch je nach Obstsorte in mundgerechte Stücke schneiden, einige Stücke für die Garnitur beiseite legen, die restlichen unter den Joghurt mengen.

6 Den Obstsalat in eine große Schale füllen, mit den zurückbehaltenen Früchten garnieren und zu den Waffeln servieren.

Tipp

Lassen Sie die fertig gebackenen Waffeln auf einem Kuchengitter ausdampfen; dann bleiben sie knusprig. Dieses Gericht eignet sich besonders gut für Gäste. Also warum nicht einmal Freunde zum Essen einladen und gemeinsam eine süße Mahlzeit genießen?

Hirseauflauf mit Aprikosen

Für 2 Personen • Quellzeit: ca. 2 Std. • Zubereitungszeit: ca. 40 Min. • Backzeit: 30 – 45 Min.
pro Portion ca. 500 kcal, 14 g E, 14 g F, 78 KH, 7 KH-P

Für den Hirseauflauf:
70 g Hirse
300 ml Milch (1,5 % Fett)
1 Prise Jodsalz
1/2 Vanilleschote
2 Eigelb
2 EL Ahornsirup
1 Eiweiß
1 EL Butter oder Margarine für die Auflaufform

Für das Aprikosenkompott:
500 g reife Aprikosen
1 TL Zitronensaft
1 TL Akazienhonig

1 Die Hirse mit heißem Wasser spülen, dann mit Wasser bedecken und darin etwa 2 Stunden quellen lassen.

2 Die gequollene Hirse in einem Sieb abtropfen lassen, dann mit der Milch und dem Salz zum Kochen bringen. Die Vanilleschote der Länge nach aufschlitzen, das Mark mit einem Messer auskratzen und zur Hirse geben. Die Hirse 15 – 20 Minuten bei schwacher Hitze ausquellen lassen, ab und zu umrühren, dann abkühlen lassen.

3 Den Backofen auf 180 °C vorheizen. Die Eigelbe mit 1 Esslöffel warmem Wasser mit den Schneebesen eines Handrührgeräts oder einer Küchenmaschine schaumig schlagen. Den Ahornsirup einrühren. Die Masse mit der abgekühlten Hirse vermischen.

4 Das Eiweiß steif schlagen und vorsichtig unter die Hirsemischung heben. Alles in eine gefettete Auflaufform füllen und den Auflauf im Ofen auf der mittleren Schiene 30 – 45 Minuten backen.

5 Inzwischen die Aprikosen waschen und entsteinen. Das Fruchtfleisch in schmale Spalten schneiden, mit 2 Esslöffeln Wasser aufkochen und etwa 5 Minuten köcheln lassen. Den Zitronensaft dazugeben und das Kompott mit dem Honig verfeinern. Das Aprikosenkompott abkühlen lassen und zum Hirseauflauf reichen.

Tipp

Am besten behalten Sie beim Kochen der Hirse zuerst einen Teil der Milch zurück und gießen diesen dann nach und nach zu, damit die Hirsemasse nicht zu flüssig wird.

Sie können statt der Mandelblättchen auch 2 Esslöffel gehackte Haselnüsse verwenden.

120 g Milchreis
450 ml Milch (1,5 % Fett)
1 Prise Jodsalz
2 TL Zucker
1 Prise Zimtpulver
1 großer säuerlicher Apfel
1 Eiweiß
1 EL Butter oder Margarine für die Auflaufform
1 EL Mandelblättchen

Milchreisauflauf mit Äpfeln

Für 2 Personen • Zubereitungszeit: ca. 45 Min • Backzeit: ca. 35 Min.
pro Portion ca. 450 kcal, 14 g E, 10 g F, 71 g KH, 6 KH-P

1 Den Milchreis mit der Milch und dem Salz zum Kochen bringen und bei kleiner Hitze zugedeckt in 15 – 20 Minuten ausquellen lassen; ab und zu umrühren. Zum Schluss den Zucker einrühren und den Milchreis mit Zimt abschmecken.

2 Den Backofen auf 180 °C vorheizen. Den Apfel schälen, vierteln, das Kernhaus entfernen und die Apfelspalten klein schneiden. Das Eiweiß mit den Schneebesen eines Handrührgeräts oder einer Küchenmaschine steif schlagen und unter die Milchreismasse heben.

3 Eine Auflaufform fetten und abwechselnd je eine Schicht Milchreis und Äpfel hineinfüllen. Die oberste Schicht sollte Milchreis sein.

4 Die Mandelblättchen über den Auflauf streuen und im Ofen auf der mittleren Schiene in etwa 35 Minuten goldgelb backen.

Omelett mit Früchten

Für 2 Personen • Zubereitungszeit: ca. 30 Min.
pro Portion ca. 350 kcal, 17 g E, 21 g F, 22 g KH, 2 KH-P

5 Eiweiß
3 Eigelb
1 EL Weizenmehl (Type 550)
1 TL Sonnenblumenöl zum Ausbacken
2 Kiwis
2 Mandarinen
1 Papaya
1 Sternfrucht (Karambole)
50 g geschlagene Sahne

Zum Garnieren:
1 TL Puderzucker
einige Blättchen Zitronenmelisse

1 Das Eiweiß steif schlagen. Dann die Eigelbe mit etwa 2 Esslöffeln warmem Wasser schaumig schlagen. Die Eigelbmasse und das Mehl auf den Eischnee geben und vorsichtig unterheben.

2 Eine beschichtete Pfanne (24 cm Ø) mit wenig Öl ausstreichen und erhitzen. Die Hälfte des Omeletteigs in die Pfanne geben, stocken und unten hellbraun werden lassen. Das Omelett wenden und auch die andere Seite hellbraun backen; aus der Pfanne nehmen und warm stellen. Auf dieselbe Weise auch das zweite Omelett backen und warm stellen.

3 Die Kiwis schälen und in Scheiben schneiden. Die Mandarinen schälen und die Früchte in Spalten teilen. Die Papaya schälen, halbieren, entkernen und das Fruchtfleisch jeder Hälfte längs in schmale Spalten schneiden. Die Sternfrucht waschen, trocknen und quer in Scheiben schneiden.

4 Die Omeletts auf 2 Teller geben und auf jedes etwas geschlagene Sahne verteilen. Die Papaya- und Mandarinenspalten, Kiwi- und Sternfruchtscheiben darauf anrichten. Die Omeletts zuklappen, mit Puderzucker bestreuen, mit Melisseblättchen garnieren.

Tipp

Papayas haben eine grüne, später gelbgrüne bis gelbe, lederartige, empfindliche Haut. Reife Früchte geben auf schwachen Fingerdruck leicht nach. Die schwarz gelackten Kerne im Innern schmecken beißend scharf.

Um dem Quark eine lockere und cremige Konsistenz zu verleihen, können Sie 2 Esslöffel kohlensäurehaltiges Mineralwasser hinzugeben und den Quark mit einem Schneebesen schön locker schlagen.

Für die Pfannkuchen:
75 g Weizenmehl (Type 1050)
1/2 TL Backpulver
1/8 l Milch (1,5 % Fett)
2 EL Mineralwasser
1 TL flüssiger Honig
1 Ei
2 TL Rapsöl zum Ausbacken

Für den Obstquark:
250 g Magerquark
flüssiger Süßstoff nach Belieben
250 g aufgetaute TK-Beerenobstmischung

Pfannkuchen mit Obstquark

Für 2 Personen • Zubereitungszeit: ca. 30 Min. • Ruhezeit: ca. 30 Min.
pro Portion ca. 390 kcal, 28 g E, 10 g F, 45 g KH, 4 KH-P

1 Das Mehl in einer Schüssel mit dem Backpulver vermischen. Die Milch und das Mineralwasser hinzufügen und gründlich mit dem Mehl verrühren. Den Honig zugeben und ebenfalls unterrühren. Zum Schluss das Ei hinzufügen und nochmals alles gut verrühren. Den Teig etwa 30 Minuten ruhen lassen.

2 Inzwischen den Quark nach Belieben mit flüssigem Süßstoff süßen und mit dem Schneebesen cremig rühren. Die Beeren unter den Quark heben.

3 Eine beschichtete Pfanne (24 cm Ø) mit dem Öl ausstreichen und erhitzen. Die Hälfte des Pfannkuchenteiges hineingeben, stocken und unten hellbraun werden lassen. Den Pfannkuchen wenden, auch auf der zweiten Seite hellbraun backen; aus der Pfanne nehmen und warm stellen.

4 Auf dieselbe Weise den zweiten Pfannkuchen backen, die fertigen Pfannkuchen mit der Quarkmischung füllen, aufrollen und sofort servieren.

Äpfel in Nuss-Sahne

Für 4 Personen • Zubereitungszeit: ca. 15 Min.
pro Portion ca. 210 kcal, 2 g E, 11 g F, 25 g KH, 2 KH-P

100 g Sahne
2 EL flüssiger Honig
4 säuerliche Äpfel
4 TL Zitronensaft
1 TL Zimtpulver
2 EL sehr fein gehackte Haselnüsse

1 Die Sahne steif schlagen. Dabei den Honig nach und nach zufließen lassen.

2 Die Äpfel waschen, trocknen und vierteln. Das Kernhaus entfernen und die Apfelviertel grob raspeln. Die Raspel sofort mit dem Zitronensaft beträufeln und gut vermengen.

3 Den Zimt und die Haselnüsse unter die Sahne heben. Zum Schluss die geraspelten Äpfel untermengen und die Nachspeise in Dessertschalen anrichten.

600 g Joghurt (1,5 % Fett)
4 EL Akazienhonig
30 Walnusshälften
einige Blättchen Zitronenmelisse zum Garnieren

Tipp

Dieses Dessert können Sie natürlich auch mit anderem Kernobst (z. B. mit Birnen) zubereiten oder jeweils zur Hälfte mit Äpfeln und Birnen.

Joghurt mit Honig ist eine beliebte Nachspeise aus Griechenland. Richtig »griechisch« wird´s, wenn Sie den Honig spiralförmig über den ungesüßten Joghurt laufen lassen.

Walnussjoghurt mit Honig

Für 4 Personen • Zubereitungszeit: ca. 10 Min.
pro Portion ca. 240 kcal, 7 g E, 11 g F, 27 KH, 2,5 KH-P

1 Den Joghurt in eine Schüssel geben und mit dem Schneebesen kräftig durchrühren. Den Akazienhonig zugeben und gut untermengen.

2 Für die Garnitur 4 schöne Walnusshälften zurückbehalten. Die restlichen Walnusshälften mit einem Messer oder in der Küchenmaschine grob hacken. Die gehackten Walnüsse ebenfalls unter den Joghurt mischen.

3 Den Joghurt auf Dessertschalen verteilen und mit den restlichen Walnüssen und einigen Melisseblättchen garnieren.

Cremiges Himbeerdessert

Für 4 Personen • Zubereitungszeit: ca. 20 Min. • Kühlzeit: ca. 3 Std.
pro Portion ca. 170 kcal, 6 g E, 3 g F, 30 g KH, 2,5 KH-P

200 ml Milch (1,5 % Fett)
1/2 Pck. Dessertsaucenpulver Vanille (zum Kochen)
1 Vanilleschote
2 EL Honig
flüssiger Süßstoff nach Belieben
400 g Himbeeren
400 g Joghurt (1,5 % Fett)
einige Blättchen Zitronenmelisse zum Garnieren

1 Von der Milch 3 Esslöffel abnehmen und das Saucenpulver darin glatt rühren. Die Vanilleschote der Länge nach aufschlitzen und das Mark mit der Messerspitze herauskratzen.

2 Die restliche Milch zusammen mit dem Honig und dem Vanillemark in einem Topf aufkochen. Die Milch von der Kochstelle nehmen, das angerührte Pulver mit einem Schneebesen einrühren.

3 Die Mischung nochmals unter Rühren kurz aufkochen lassen, von der Kochstelle nehmen, nach Belieben mit flüssigem Süßstoff süßen und für etwa 3 Stunden kühl stellen. Die Creme während des Erkaltens öfter durchrühren.

4 Die Himbeeren verlesen, waschen und in einem Sieb abtropfen lassen. Nach Belieben mit etwas Süßstoff verfeinern.

5 Kurz vor dem Anrichten die Creme und den Joghurt jeweils kräftig durchrühren. Die Creme mit den Himbeeren und dem Joghurt abwechselnd in hohe Dessertgläser schichten. Das Himbeerdessert mit Melisseblättchen garnieren.

Tipp

Sie können die aufgeschlitzte Vanilleschote auch mitkochen und hinterher wieder herausnehmen. Dann wird das Vanillearoma noch intensiver.

1 Glas entsteinte Sauerkirschen (Abtropfgewicht 460 g)
2 kleine runde Scheiben Pumpernickel (ca. 20 g)
50 g Sahne
400 g Magerquark
flüssiger Süßstoff nach Belieben

Fangen Sie den Kirschsaft auf – einen Teil davon können Sie nach Belieben unter den Quark rühren, der damit eine sehr cremige Konsistenz und einen feinen fruchtigen Geschmack erhält.

Kirschquark mit Pumpernickel

Für 4 Personen • Zubereitungszeit: ca. 10 Min.
pro Portion ca. 210 kcal, 15 g E, 5 g F, 26 g KH, 2 KH-P

1 Die Sauerkirschen in ein Sieb gießen und gut abtropfen lassen. Die Pumpernickelscheiben in kleine Würfel schneiden oder zerbröckeln.

2 Den Quark in eine Schüssel geben, nach Belieben mit Süßstoff süßen und mit dem Schneebesen cremig rühren. Die flüssige Sahne untermengen.

3 Von den abgetropften Sauerkirschen einige für die Garnitur beiseite legen und halbieren. Die übrigen Kirschen unter den Quark heben.

4 Den Quark in Schälchen anrichten und mit den Pumpernickelwürfeln und den halbierten Sauerkirschen garnieren.

Beerengrütze

Für 4 Personen • Zubereitungszeit: ca. 30 Min. • Kühlzeit: ca. 2 Std.
pro Portion ca. 160 kcal, 2 g E, 1 g F, 36 g KH, 3 KH-P

Für die Fruchtkaltschale:
150 g rote Johannisbeeren
150 g Erdbeeren
150 g Himbeeren
150 g Brombeeren
1/4 l roter Johannisbeersaft
1 EL Speisestärke
flüssiger Süßstoff nach Belieben
1 Pck. Vanillezucker

Für die Fruchtsauce:
1 kleine Baby-Ananas (100 g)
1 Birne
1 EL flüssiger Honig

1 Die Johannisbeeren von der Rispe zupfen, die Erdbeeren putzen, Himbeeren und Brombeeren verlesen, alles waschen und gut abtropfen lassen. Größere Erdbeeren halbieren oder vierteln. Die Früchte auf 4 tiefe Teller oder Schälchen verteilen.

2 Den Johannisbeersaft zum Kochen bringen. Die Speisestärke mit 1 Esslöffel Wasser glatt rühren und die Mischung in den kochenden Saft einrühren. Das Ganze einmal aufkochen lassen, nach Belieben mit flüssigem Süßstoff süßen und mit dem Vanillezucker aromatisieren.

3 Den gebundenen Johannisbeersaft über die Früchte gießen und die Beerengrütze für etwa 2 Stunden kühl stellen.

4 Inzwischen für die Fruchtsauce die Ananas und die Birne schälen, die Früchte längs vierteln und den harten Strunk bzw. das Kernhaus entfernen.

5 Das Fruchtfleisch klein schneiden und zusammen mit dem Honig im Mixer oder mit dem Mixstab in einem hohen Rührgefäß pürieren. Die Fruchtsauce zur gekühlten Beerengrütze servieren.

Tipp

Dieser Nachtisch ist ein wahrer Vitamincocktail. Da schadet es nichts, wenn Sie auch mal einen Klecks geschlagene Sahne oder etwas Vanillesauce dazu essen.
Statt frischer Beeren können Sie natürlich auch eine TK-Beerenmischung verwenden.

Vitaminflip mit Obstspieß

Für 4 Personen • Zubereitungszeit: ca. 30 Min.
pro Portion ca. 240 kcal, 9 g E, 5 g F, 39 g KH, 3,5 KH-P

1 Orange
1 Baby-Ananas
½ kleine Honigmelone
2 Eigelb
400 ml kalte Buttermilch
4 Kugeln Joghurteis
1 Granatapfel
1 EL Pistazienkerne
4 lange Holzstäbchen für die Obstspieße

1 Die Orange schälen, in Spalten zerteilen und die Fruchtspalten in Stücke schneiden. Die Ananas schälen, längs vierteln und den harten Innenstrunk herausschneiden. Das Fruchtfleisch in kleine Würfel schneiden.

2 Aus der Melonenhälfte mit einem Löffel die Kerne herauskratzen. Das Fruchtfleisch mit einem Messer von der Schale ablösen und in kleine Stücke schneiden. Von allen Früchten ein wenig für die 4 Fruchtspieße beiseite stellen.

3 Die Eigelbe mit den Früchten, der Buttermilch und dem Joghurteis im Mixer oder mit dem Mixstab in einem hohen Rührbecher kurz durchmixen.

4 Den Granatapfel halbieren und die Kerne aus dem Fruchtfleisch lösen; dabei darauf achten, dass keine weißen Trennhäutchen zu den Kernen gelangen (sind sehr bitter!). Die Hälfte der Kerne unter den Drink mischen und den Rest für die Garnitur aufheben.

5 Die Pistazienkerne klein hacken. Den Vitaminflip in Gläser füllen, mit den Pistazien und den restlichen Granatapfelkernen bestreuen. Die zurückbehaltenen Fruchtstücke abwechselnd auf die Holzstäbchen spießen und diese zum Vitaminflip reichen.

Tipp

Dieser Flip eignet sich auch gut als kleine Mahlzeit zwischendurch.
Soll es ganz schnell gehen, lassen Sie die Eier weg, und ersetzen Sie die Früchte durch 400 ml Multivitaminsaft.

Diese leckere Süßspeise eignet sich als Zwischenmahlzeit sowie als Dessert zu einem leichten Hauptgericht.

6 Orangen
100 g Sahne
2 EL Kakaopulver
2 EL brauner Zucker

Orangen mit Schokosahne

Für 4 Personen • Zubereitungszeit: ca. 20 Min.
pro Portion ca. 210 kcal, 3 g E, 9 g F, 29 g KH, 2 KH-P

1 Die Schale der Orangen von der Stiel- und Blütenseite so tief abschneiden, dass das Fruchtfleisch zu sehen ist. Dann die Orangen auf einen Teller stellen und jeweils die restliche Schale dicht am Fruchtfleisch entlang abschneiden, sodass die weiße Haut mit entfernt wird.

2 Das Fruchtfleisch der Orangen mit einem Messer zwischen den Trennhäutchen herauslösen. Den Saft auffangen und anderweitig verwenden.

3 Die Sahne steif schlagen. Dabei das Kakaopulver und den Zucker hinzufügen und mitschlagen.

4 Die Orangenfilets auf flachen gläsernen Desserttellern anrichten und mit der Schokosahne garnieren.

Mohnnockerl mit Orangen

Für 4 Personen • Zubereitungszeit: ca. 45 Min.
pro Portion ca. 350 kcal, 15 g E, 19 g F, 28 g KH, 2,5 KH-P

1 Vanilleschote
150 ml Milch (1,5 % Fett)
120 g gem. Mohn
4 Eigelb
2 EL Ahornsirup
etwa 2 l Eiswasser
4 Eiweiß
150 ml Orangensaft
4 TL Speisestärke
2 Orangen

1 Die Vanilleschote der Länge nach aufschlitzen und das Mark mit der Messerspitze herauskratzen. Die Milch mit dem Vanillemark und dem Mohn aufkochen. Die Eigelbe und den Ahornsirup mit dem Schneebesen cremig rühren. Die Mohnmilch untermischen.

2 Die Creme über einem heißen Wasserbad mit den Schneebesen eines Handrührgeräts steif schlagen. Dann die Schüssel in Eiswasser setzen und die Creme weiterschlagen, bis sie kalt ist. Das Eiweiß steif schlagen und unter die Creme heben.

3 Die Stärke mit etwas Orangensaft glatt rühren. Den restlichen Orangensaft aufkochen, die Stärkelösung einrühren, alles unter Rühren aufkochen und wieder erkalten lassen.

4 Die Schale der Orangen von der Stiel- und Blütenseite so tief abschneiden, dass das Fruchtfleisch zu sehen ist. Dann die restliche Schale dicht am Fruchtfleisch entlang abschneiden, sodass die weiße Haut mit entfernt wird. Das Orangenfruchtfleisch mit einem Messer zwischen den Trennhäutchen herauslösen.

5 Die Orangenfilets auf Desserttellern anrichten. Aus der Mohnmasse mit 2 Esslöffeln Nocken formen und mit der Orangensauce zu den Filets arrangieren.

Tipp

Die Mohnnockerl schmecken auch gut mit einer leckeren Zitronensauce. Tauschen Sie hierfür den Orangensaft gegen frisch gepressten Zitronensaft aus. Süßen Sie diesen nach Belieben mit flüssigem Süßstoff.

Zum Vanilleflammeri passt am besten eine Fruchtsauce, z. B. eine Erdbeer-Pfirsich-Sauce. Dazu einfach 100 g Fruchtfleisch pro Portion fein pürieren, nach Belieben mit etwas Honig, Zucker oder flüssigem Süßstoff süßen.

1/2 l Milch (1,5 % Fett)
1 Eigelb
4 EL Speisestärke
1 Vanilleschote
3 EL Zucker
1 Prise Jodsalz
1 Eiweiß

Vanilleflammeri

Für 4 Personen • Zubereitungszeit: ca. 15 Min. • Kühlzeit: ca. 2 Std.
pro Portion ca. 150 kcal, 6 g E, 3 g F, 23 g KH, 2 KH-P

1 Von der Milch 6 Esslöffel abnehmen und mit dem Eigelb und der Speisestärke verrühren. Die Vanilleschote der Länge nach aufschlitzen und das Mark herauskratzen.

2 Die restliche Milch mit dem Zucker, dem Salz und dem Vanillemark zum Kochen bringen. Die angerührte Speisestärke unter Rühren hinzufügen und alles ein Mal kurz aufkochen lassen.

3 Das Eiweiß steif schlagen und unter die Masse heben. Den Flammeri in 4 vorgekühlte und kalt ausgespülte Förmchen füllen und die Masse für etwa 2 Stunden kalt stellen.

4 Die Förmchen zum Servieren ganz kurz in heißes Wasser tauchen und den Flammeri auf Dessertteller stürzen.

Limettencreme

Für 4 Personen • Zubereitungszeit: ca. 50 Min.
pro Portion ca. 170 kcal, 13 g E, 5 g F, 18 g KH, 2 KH-P
(Foto S. 74)

6 Blatt weiße Gelatine
5 Limetten
2 Eigelb
flüssiger Süßstoff nach Belieben
350 ml Milch (1,5 % Fett)
3 Eiweiß
2 EL Zucker

1 Die Hälfte der Gelatine in wenig kaltem Wasser einweichen. 2 Limetten heiß abspülen und trockenreiben. 1 Limette quer in dünne Scheiben schneiden und die Limettenscheiben für die Garnitur beiseite stellen. Von der zweiten Limette die Schale abreiben. Die übrigen Limetten auspressen.

2 Die Eigelbe zusammen mit 1 EL warmem Wasser und dem Limettensaft mit den Schneebesen eines Handrührgeräts oder einer Küchenmaschine schaumig schlagen, dabei nach Belieben etwas flüssigen Süßstoff hinzufügen. Die Masse so lange aufschlagen, bis sie dickcremig ist, dann die abgeriebene Limettenschale unterrühren.

3 Die Gelatine ausdrücken und unter Rühren erwärmen, bis sie vollständig aufgelöst ist. Nach und nach die lauwarme Gelatinelösung unter die Eicreme rühren, dann die Milch hinzufügen. Die Creme eventuell nochmals mit etwas Süßstoff süßen und kalt stellen. Das Eiweiß steif schlagen, dabei den Zucker einrieseln lassen. Den Eischnee vorsichtig unter die gut gekühlte Creme heben.

4 Die restliche Gelatine für etwa 10 Minuten in kaltem Wasser einweichen, dann unter Rühren erwärmen und auflösen und für etwa 10 Minuten kühl stellen. In die dickliche Gelatinemasse nacheinander die Limettenscheiben tauchen und das Gelee auf einem Stück Pergamentpapier fest werden lassen. Zum Servieren die Limettencreme portionieren und mit den glänzenden Limettenscheiben garnieren.

Tipp

Die Limettenschale zieht man am einfachsten mit einem speziellen Julienne- oder Zestenreißer ab. Man kann die Schale aber auch mit einem Sparschäler entfernen und die Streifen anschließend in feine Längsstreifen schneiden.

Schokosoufflés

Für 4 Personen • Zubereitungszeit: ca. 30 Min. • Backzeit: 25 – 30 Min.
pro Portion ca. 380 kcal, 10 g E, 22 g F, 33 g KH, 3 KH-P
(Foto S. 74)

etwas Butter und Zucker für die Förmchen
80 ml Milch (1,5 % Fett)
2 EL Butter
30 g Zartbitterschokolade
2 EL Puddingpulver Vanille
1 EL Kakaopulver
4 EL Sahne
4 Eier
1 Prise Jodsalz
70 g Zucker
100 g saure Sahne
Puderzucker zum Garnieren

1 Zunächst 4 kleine Souffléförmchen gut ausbuttern, mit Zucker ausstreuen und kalt stellen. Den Backofen auf 225 °C vorheizen. Einen Bräter oder eine hohe Auflaufform mit so viel Wasser füllen, dass die Förmchen später zu drei Viertel darin stehen, und in den Ofen schieben.

2 Die Milch mit der Butter aufkochen. Die Schokolade zerbröckeln und bei schwacher Hitze in der Milch schmelzen lassen.

3 Das Pudding- und das Kakaopulver in der Sahne glatt rühren und zur Schokomilch geben. Alles unter ständigem Rühren einmal aufkochen lassen und von der Kochstelle nehmen.

4 Die Eier trennen. Das Eiweiß mit dem Salz und dem Zucker fast steif schlagen. Dann die saure Sahne und zuletzt das Eigelb in die Kakaomasse rühren. Ein Drittel des Eischnees mit einem Spatel unterrühren, den Rest unterheben.

5 Die Soufflémasse in die gekühlten Förmchen füllen, diese in das vorbereitete Wasserbad stellen und die Soufflés im Ofen auf der mittleren Schiene 25 – 30 Minuten backen. Während der Backzeit die Ofentür nicht öffnen, sonst fallen die Soufflés zusammen!

6 Die fertigen Soufflés mit Puderzucker bestreuen und in den Förmchen servieren.

Tipp

Zu diesem feinen Dessert passt sehr gut ein Vanillesabayon. Hierfür 1/8 l Milch mit dem Mark einer Vanilleschote, 2 EL Zucker und 3 Eigelben über einem heißen Wasserbad zu einer dicklichen Creme aufschlagen.

Schoko-Halbgefrorenes

Für 4 Personen • Zubereitungszeit: ca. 25 Min. • Kühlzeit: ca. 3 Std. • Gefrierzeit: ca. 3 Std.
pro Portion ca. 210 kcal, 2 g E, 10 g F, 28 g KH, 2,5 KH-F

Für das Halbgefrorene:
1 EL Kakaopulver
4 TL flüssiger Honig
125 g Sahne
Pergamentpapier für die Form

Für die heißen Kirschen:
1 Glas entsteinte Sauerkirschen (Abtropfgewicht 460 g)
2 EL Speisestärke
flüssiger Süßstoff nach Belieben

1 Das Kakaopulver mit dem Honig glatt rühren. Diese Mischung zur Sahne geben und alles kräftig verrühren. Die Sahne für etwa 3 Stunden kühl stellen.

2 Die gut gekühlte Schokosahne steif schlagen und in eine kleine mit Pergamentpapier ausgelegte Kastenform (etwa 18 cm lang) mit hohem Rand füllen.

3 Die Kastenform schräg ins Gefrierfach stellen, sodass die Schokosahne als Dreieck abkühlt. Die Schokosahne etwa 3 Stunden gefrieren lassen.

4 Vor dem Servieren die Kirschen mit dem Saft in einen Topf geben. Etwas Saft abnehmen und mit der Stärke verrühren. Die Kirschen erhitzen, die Stärke hinzufügen und alles einmal kurz aufkochen lassen, bis die Flüssigkeit andickt. Nach Belieben mit Süßstoff abschmecken.

5 Die gefrorene Schokosahne aus dem Gefrierfach nehmen, aus der Form stürzen (s. Tipp) und quer in Scheiben schneiden. Die Scheiben auf Desserttellern verteilen, daneben die heißen Kirschen anrichten und das Dessert sofort servieren.

Tipp

Wenn die gefrorene Schokosahne beim Stürzen nicht sofort aus der Form gleitet, einfach ein mit heißem Wasser getränktes Tuch auf die umgedrehte Form legen.

Dieses fettarme Dessert ist eine leichte Ergänzung zu einem etwas üppigeren Hauptgericht.

Für die Baisers:
Backpapier für das Blech
6 Eiweiß
80 g Zucker
2 TL Puderzucker zum Garnieren

Für die geeisten Früchte:
100 g Himbeeren
200 g rote Johannisbeeren
200 g Erdbeeren
2 Kiwis

Baisers mit geeisten Früchten

Für 4 Personen • Zubereitungszeit: ca. 25 Min. • Gefrierzeit: ca. 1 1/2 Std. • Backzeit: 1 1/2–1 3/4 Std.
pro Portion ca. 180 kcal, 7 g E, 1 g F, 35 g KH, 3 KH-P

1 Den Backofen auf 120 °C vorheizen. Ein Blech mit Backpapier auslegen. Für die Baisers das Eiweiß steif schlagen, dabei den Zucker nach und nach zugeben.

2 Den Eischnee in einen Spritzbeutel mit glatter Tülle füllen. 4 Ringe von etwa 10 cm Ø auf das Papier spritzen und im Ofen auf der mittleren Schiene in 1 1/2–1 3/4 Stunden mehr trocknen als backen. Die Baisers sollen keinesfalls braun werden!

3 Inzwischen die Himbeeren verlesen, die Johannisbeeren von der Rispe zupfen, die Erdbeeren putzen; das Obst waschen. Die Kiwis schälen, Kiwis und große Erdbeeren in mundgerechte Stücke schneiden. Die Früchte auf einem mit Frischhaltefolie ausgelegten Blech locker verteilen und offen etwa 1 1/2 Stunden gefrieren.

4 Die gebackenen Baiserringe vom Blech nehmen und an einem warmen Ort nachtrocknen lassen. Dann die Früchte aus dem Gefrierfach nehmen und in den Baiserringen anrichten. Das Ganze mit Puderzucker bestreuen und sofort servieren.

Schnelles Aprikosen-Erdbeer-Eis

Für 4 Personen • Zubereitungszeit: ca. 20 Min. • Gefrierzeit: ca. 1 Tag
pro Portion ca. 80 kcal, 3 g E, 1 g F, 15 g KH, 1 KH-P

250 g Aprikosen
250 g Erdbeeren
200 g Joghurt (1,5 % Fett)
Zitronensaft und flüssiger Süßstoff nach Belieben

1 Die Aprikosen waschen, entsteinen und vierteln. Die Erdbeeren putzen, waschen und halbieren, einige Hälften beiseite legen.

2 Ein Blech mit Frischhaltefolie auslegen, das Obst darauf ausbreiten. Alles gut mit Frischhaltefolie abdecken und im Tiefkühlgerät etwa 1 Tag gefrieren lassen.

3 Am nächsten Tag das gefrorene Obst zusammen mit dem Joghurt im Mixer oder mit dem Mixstab in einem hohen Rührbecher fein mixen. Nach Belieben mit etwas Zitronensaft und flüssigem Süßstoff abschmecken.

4 Sofort servieren. Dazu das Eis entweder mit einem heißen Esslöffel zu Nocken abstechen oder in einen Spritzbeutel füllen und in 4 Dessertschälchen spritzen. Mit den Erdbeerhälften garnieren.

500 g schwarze Johannisbeeren
200 ml roter Johannisbeersaft
2 EL flüssiger Honig
flüssiger Süßstoff nach Belieben
einige Blättchen Zitronenmelisse zum Garnieren

Tipp

Wenn Sie öfter Eis selbst herstellen, lohnt sich die Anschaffung einer Eismaschine. Die Zubereitung ist nicht nur einfacher, auch das Eis wird noch cremiger.

Für dieses Sorbet eignen sich auch gut TK-Johannisbeeren oder eine TK-Beerenmischung (die Beeren jeweils aufgetaut verarbeiten).
Zur Herstellung von kernfreiem Johannisbeersorbet streichen Sie die Beeren ungefroren durch ein Sieb.

Johannisbeersorbet

Für 4 Personen • Zubereitungszeit: ca. 25 Min. • Gefrierzeit: ca. 2 Std.
pro Portion ca. 110 kcal, 2 g E, 0 g F, 27 g KH, 2,5 KH-P

1 Die Johannisbeeren verlesen, waschen und von der Rispe zupfen. Die Früchte zusammen mit dem Johannisbeersaft im Mixer oder mit dem Mixstab in einem hohen Rührgefäß pürieren; mit dem Honig und nach Belieben etwas Süßstoff süßen.

2 Die Fruchtmasse in eine Schüssel füllen und zugedeckt im Gefrierfach etwa 2 Stunden gefrieren lassen; zwischendurch öfter durchrühren.

3 Vor dem Servieren das Sorbet aus dem Gefrierfach nehmen und nochmals pürieren. Mit einem Eislöffel oder einem Eisportionierer aus der Masse kleine Kugeln abstechen und in Dessertschälchen portionieren.

4 Das Johannisbeersorbet mit Melisseblättchen garnieren und sofort servieren.

Orangenkonfitüre mit Schuss

Für 5 Twist-off-Gläser (à 250 g) • Zubereitungszeit: ca. 35 Min.
pro Portion (20 g) ca. 20 kcal, 0 g E, 0 g F, 6 g KH, 0,5 KH-P

1 kg unbehandelte Blutorangen
25 g Gelierpulver
(z. B. Gelfix super 3 : 1)
300 g Zucker
2 EL brauner Rum

1 Von den Blutorangen 2 Früchte heiß abspülen und trockenreiben. Die Schale mit einem Sparschäler dünn abschälen und in feine Streifen schneiden.

2 Von den restlichen Blutorangen den Saft auspressen. Den Blutorangensaft, die Schalenstreifen, das Gelierpulver und den Zucker gut miteinander vermischen.

3 Alles unter Rühren zum Kochen bringen; unter weiterem Rühren etwa 3 Minuten bei mittlerer Hitze kochen lassen. Dann den Rum unterrühren.

4 Die Konfitüre sofort bis zum Rand in heiß ausgespülte Gläser füllen. Die Gläser verschließen, sofort umdrehen und etwa 5 Minuten auf dem Deckel stehen lassen.

1 kg Kiwis
25 g Gelierpulver
(z. B. Gelfix super 3 : 1)
300 g Apfeldicksaft

Tipp

Als Variante ohne Alkohol empfehlen wir, statt des Rums einfach einige Tropfen Rumaroma zu verwenden.

Einen ganz besonderen Gesckmack erhält diese Konfitüre, wenn Sie sie mit etwas Zimtpulver abschmecken.

Kiwikonfitüre

Für 5 Twist-off-Gläser (à 250 g) • Zubereitungszeit: ca. 35 Min.
pro Portion (20 g) ca. 20 kcal, 0 g E, 0 g F, 5 g KH, 0,5 KH-P

1 Die Kiwis dünn schälen (das geht am besten mit einem Sparschäler). Das Fruchtfleisch in Stücke schneiden.

2 Die Kiwistücke mit dem Gelierpulver und dem Dicksaft in einen Topf geben.

3 Das Ganze unter Rühren zum Kochen bringen; unter weiterem Rühren etwa 3 Minuten sprudelnd kochen lassen.

4 Die Konfitüre sofort bis zum Rand in heiß ausgespülte Gläser füllen. Die Gläser verschließen, sofort umdrehen und etwa 5 Minuten auf dem Deckel stehen lassen.

Apfel-Möhren-Gelee

Für 4 Twist-off-Gläser (à 250 g) • Zubereitungszeit: ca. 20 Min.
pro Portion (20 g) ca. 20 kcal, 0 g E, 0 g F, 6 g KH, 0,5 KH-P

1/2 l naturtrüber Apfelsaft
200 ml Möhrensaft
20 g Gelierpulver
(z. B. Gelfix super 3 : 1)
300 g Honig

1 Den Apfel- und den Möhrensaft mit dem Gelierpulver und dem Honig in einen Topf geben.

2 Das Ganze unter ständigem Rühren zum Kochen bringen und unter weiterem Rühren etwa 3 Minuten sprudelnd kochen lassen.

3 Das Gelee sofort noch sehr heiß in zuvor heiß ausgespülte Gläser füllen; sie sollten bis zum Rand gefüllt sein.

4 Die Gläser verschließen, sofort umdrehen und etwa 5 Minuten auf dem Deckel stehen lassen.

1/2 l Holundersaft
200 ml Multivitaminsaft
20 g Gelierpulver
(z. B. Gelfix super 3 : 1)
300 g Ahornsirup

Tipp

Bewahren Sie ein angebrochenes Glas im Kühlschrank auf, und verbrauchen Sie das Gelee möglichst schnell.

Das Gelee bekommt einen noch fruchtigeren Geschmack, wenn Sie den Ahornsirup durch Apfeldicksaft ersetzen.

Holundergelee

Für 4 Twist-off-Gläser (à 250 g) • Zubereitungszeit: ca. 20 Min.
pro Portion (20 g) ca. 20 kcal, 0 g E, 0 g F, 6 g KH, 0,5 KH-P

1 Den Holunder- und den Multivitaminsaft mit dem Gelierpulver und dem Ahornsirup in einen Topf geben.

2 Das Ganze unter ständigem Rühren zum Kochen bringen und unter weiterem Rühren etwa 3 Minuten sprudelnd kochen lassen.

3 Das Gelee sofort noch bis zum Rand in heiß ausgespülte Gläser füllen. Die Gläser verschließen, sofort umdrehen und etwa 5 Minuten auf dem Deckel stehen lassen.

Backen – süß und pikant

Selbstgebackenes für Diabetiker

Selbst backen – lecker und für Diabetiker geeignet, geht das überhaupt? Klar, und Ihre Diabetikerkuchen werden so gut schmecken, dass Sie diese auch Nicht-Diabetikern anbieten können – ohne dass sie auf die Idee kämen, dass es sich dabei um speziell für Diabetiker gebackene Kuchen handelt.

Denn in der modernen Diabetes-Ernährung ist Zucker in kleinen Mengen erlaubt. Das Süßen mit großen Mengen von Fruchtzucker, Sorbit und anderen Zuckeraustauschstoffen ist dagegen überholt. Gerade diese Süßungsmittel führten in der Vergangenheit oft zu kulinarisch wenig überzeugenden Ergebnissen, denn sie lassen Kekse und Kuchen schnell weich werden und geben ihnen einen stumpfen Geschmack. Durch die Kombination von Zucker mit Süßstoff und geringen Mengen Zuckeraustauschstoffen, ist dieses Problem vom Tisch.

Diabetikerkuchen – darauf kommt es an

Kuchen für Diabetiker sollte vor allem nicht zu fettreich sein. Biskuit-, Brand- und Hefeteige sind grundsätzlich eher fettarm und sollten daher fettreichen Kuchen, etwa aus Blätterteig, vorgezogen werden. Dunklen Mehlen mit hohem Ausmahlungsgrad ist der Vorzug gegenüber Weißmehl zu geben. Als Süßungsmittel können kleine Mengen normaler Zucker oder auch alternative Süßungsmittel wie Honig oder Sirup verwendet werden. Und wenn es der Kuchenteig zulässt, kann ein Teil der Süßkraft auch durch die Zugabe von kalorienfreiem Süßstoff hergestellt werden.

Sämtliche Rezepte in diesem Kapitel sind nach diesen Kriterien entwickelt worden. Wenn Sie mit diesen durchs Nachbacken ein bisschen Praxiserfahrung gesammelt haben, werden Sie bald auch normale Rezepte gelingsicher in diabetestaugliche umwandeln können.

Ein wesentlicher Vorteil beim Selberbacken ist, dass Sie selbst bestimmen, was in den Kuchen kommt.
Halten Sie bei den fetthaltigen Geschmackszutaten Maß, und verwenden Sie Diätmargarine als Backfett, das versorgt Sie mit gesunden ungesättigten Fettsäuren.

Gewürze, Trockenfrüchte, Mandeln und Nüsse geben dem Kuchen erst das gewisse Etwas.

Das richtige Backfett

Sicherlich sind Ihnen die immer wiederkehrenden Diskussionen darüber, ob nun Butter oder Margarine gesünder ist, nicht entgangen. In diesem Buch wird mit Diätmargarine gebacken. Damit ist keine Halbfettmargarine gemeint, sondern eine Margarine mit einem besonders günstigen Fettsäuremuster. Diese Margarinen haben in der Regel einen hohen Anteil an mehrfach ungesättigten Fettsäuren, was auf der Verpackung folgendermaßen ausgewiesen ist: »reich an mehrfach ungesättigten Fettsäuren« oder »ungesättigte Fettsäuren > 50 %«. Die Fette sollten außerdem möglichst nicht gehärtet sein (wenn sie gehärtet sind, steht das ebenfalls auf der Verpackung).

Anstelle von Margarine wird in den Rezepten auch oft Öl verwendet. Geben Sie hier Rapsöl den Vorzug, da dieses reich an Ölsäure ist. Ölsäure ist eine einfach ungesättigte Fettsäure, die den Blutcholesterinspiegel ebenfalls positiv beeinflusst.

Augen auf beim verstecktem Fett

Neben diesem sichtbaren Fett geben Sie aber oft auch so genannte versteckte Fette in Form von Schokolade oder Nüssen in den Kuchen. Dabei sollten Sie bedenken, dass Kokosflocken und Schokolade v. a. gesättigte Fettsäuren enthalten und daher nur sparsam verwendet werden sollten. Hasel- und Walnüsse, Mandeln und Pistazien haben dagegen ein relativ günstiges Fettsäuremuster. Insgesamt gilt jedoch auch hier: In großen Mengen ist Fett – auch wenn es sich um hochwertige Fettsäuren handelt – in der Diabetes-Kost nicht erwünscht.

Tipps zum kalorienarmen Backen

Verwenden Sie generell fettarme Milch und fettarmen Joghurt. Ebenfalls gut einsetzen lässt sich auch Magerquark (statt fettreicherer Quarksorten) und Buttermilch, insbesondere für pikantes Gebäck.

Wenn mit Obstkonserven gebacken wird, wählen Sie stets kalorienverminderte, mit Süßstoff gesüßte Produkte. Beachten Sie, dass auf mancher Obstkonserve »ohne Zuckerzusatz« steht. Aus der Zutatenliste können Sie jedoch entnehmen, dass Birnendicksaft und Fruchtsaft den Zucker ersetzen und keine Kalorien gespart werden.

Alles Gute aus dem Korn

Bestimmt ist Ihnen bekannt, dass Vollkornmehl wesentlich gesünder ist als weißes Mehl der Type 405. Denn: Je höher die Typenzahl, umso mehr Ballaststoffe und B-Vitamine enthält das Mehl. Vollkornmehl hat den höchsten Ballaststoff- und B-Vitamin-Gehalt. Es hat übrigens keine Typenbezeichnung, auf der Packung steht nur »Vollkornmehl«. Sie können es bereits gemahlen kaufen, oder aber Sie lassen sich im Reformhaus Weizenkörner frisch zu Mehl mahlen.

Schrittweise zum Vollkornkuchen

Trotz des Wissens um den hohen Gesundheitswert von Vollkornmehl fällt es vielen schwer, sich von der Gewohnheit, mit Weißmehl zu backen, zu trennen. Steigen Sie deshalb langsam um. Mehl der Type 550 ist schon ein bisschen gesünder als das herkömmliche Weizenmehl. Geschmacklich und äußerlich werden Sie im Vergleich zum Weißmehl keinen Unterschied feststellen. Nachdem Sie dies eingesetzt haben, versuchen Sie es mal mit dem dunklen Weizenmehl Type 1050. Dieses Mehl lässt den Kuchen schon etwas dunkler und reicher an guten Inhaltsstoffen werden, jedoch werden Sie überrascht sein, dass sich geschmacklich noch gar nicht viel verändert hat. Nun ist es nur noch ein kleiner Schritt hin zum Vollkornmehl, und mit der Zeit werden Sie den Unterschied zwischen hellem und dunklem Mehl gar nicht mehr als unangenehm wahrnehmen – im Gegenteil, Sie werden den volleren Geschmack nicht mehr missen wollen.

Sie können auch ohne weiteres ein bisschen experimentieren und verschiedene Mehltypen mischen. Die in den Rezepten angegebenen Mehlsorten lassen sich in der Regel problemlos untereinander austauschen. Falls Ihnen dann einmal ein Rühr- oder Hefeteig sehr fest wird, was bei der Verwendung von Vollkornmehl nicht ungewöhnlich ist – dieses Mehl kann einfach mehr Flüssigkeit aufnehmen – geben Sie noch ein bisschen fettarme Milch hinzu. Es ist ganz einfach – Sie müssen sich nur trauen.

Bei vielen Kuchen lassen sich die »Volumengeber« Zucker und Zuckeraustauschstoffe zumindest teilweise durch Süßstoff ersetzen.
Bevorzugen Sie zum Backen flüssigen Süßstoff aus der Flasche. Falls Ihnen dieser einmal ausgegangen ist, können Sie auch Süßstofftabletten in etwas Wasser auflösen. Etwa 8 bis 10 Stück entsprechen der Süßkraft von 1 TL flüssigem Süßstoff.

Mit schönen Kuchenformen, Backblechen und anderen nützlichen Utensilien macht das Backen noch mehr Spass.

Je dunkler das Mehl, desto vollwertiger ist es. Hier sehen Sie Weizenvollkornmehl sowie Weizenmehle der Typen 1050 und 405. In diesem Kapitel finden Sie Rezepte mit verschiedenen Mehlsorten – von Teigen aus hellem Mehl bis hin zu Vollkornteigen.

Die richtigen Süßungsmittel wählen

Auch wenn Zucker in der Diabetes-Ernährung inzwischen nicht mehr verboten ist, ist das kein Freibrief für maßlosen Zuckerkonsum. Essen Sie Zucker nur in geringen Mengen und immer in Kombination mit anderen Lebensmitteln. Zucker und andere alternative Süßungsmittel wie Honig, Sirup oder Dicksaft sollten nicht mehr als 30 – 50 Gramm Ihrer täglichen Nahrung ausmachen. In der Backpraxis heißt das, die Zuckermenge möglichst gering zu halten. Durch das Hinzufügen von etwas Süßstoff kann vielen Kuchen zusätzliche Süße verliehen werden. Zum Backen eignen sich alle auf dem Markt gängigen Süßstoffe mit Ausnahme von Aspartam (ist nicht hitzebeständig).

Nicht jeder Tag ist Kuchentag

Süßes Gebäck soll etwas Besonderes bleiben, d. h. Sie sollten nicht jeden Tag ein Stück Kuchen essen. Falls Sie keine Gewichtsprobleme haben, können Sie mehrmals pro Woche ein Stück entsprechend Ihrer KH-P-Einteilung essen. Bei Übergewicht sollten Sie sich nur ab und zu ein Stück Kuchen, Torte oder süßes Gebäck erlauben. Wichtig ist, dass Sie diese Süßigkeit bewusst genießen, denn wenn Sie sich an Ihren Tagesplan halten, dürfen Sie meist nur 1 Stück davon essen.

Quark-Kirsch-Torte

Für 12 Stücke • Zubereitungszeit: ca. 1 Std. •
Backzeit: ca. 25 Min. • Kühlzeit: 4 – 5 Std.
pro Stück ca. 300 kcal, 11 g E, 15 g F, 28 g KH, 2,5 KH-P

Für den Rührteig:
125 g Diätmargarine
50 g Zucker
1 TL flüssiger Süßstoff
1 Pck. Vanillezucker
1 Prise Jodsalz
2 Eier
250 g Weizenmehl (Type 550)
2 TL Backpulver
2 EL Kakao
4 EL Milch (1,5 % Fett)
3 EL Mandellikör
Backpapier für die Form

Für das Kompott:
1 Glas Sauerkirschen, mit Süßstoff gesüßt (350 g Abtropfgewicht)
1/2 Pck. Tortenguss
1/2 Zimtstange
1 EL Citroback

Für die Quarkcreme:
4 Blatt weiße Gelatine
500 g Magerquark
1 TL flüssiger Süßstoff
2 Pck. Vanillezucker
200 g Sahne
1 TL Kakaopulver zum Bestäuben

1 Den Backofen auf 180 °C (Umluft 150 °C; Gas Stufe 2) vorheizen. Für den Rührteig Margarine mit Zucker, Süßstoff, Vanillezucker und Salz mit den Rührbesen eines Handrührgeräts oder einer Küchenmaschine geschmeidig rühren. Die Eier nach und nach untermengen.

2 Mehl, Backpulver und Kakao mischen, sieben und abwechselnd mit der Milch esslöffelweise auf mittlerer Stufe unterrühren. Eine Springform (26 cm Ø) mit Backpapier auslegen, den Teig hineinfüllen und glatt streichen. Den Kuchen im Ofen auf der mittleren Schiene etwa 25 Minuten backen.

3 Den Kuchen etwas abkühlen lassen, aus der Form lösen und auf einem Rost erkalten lassen. Dann um den Tortenboden einen Tortenring legen und den Kuchen mit Mandellikör beträufeln.

4 Für das Kompott die Kirschen in einen kleinen Topf geben und etwas Saft abnehmen. Diesen mit dem Tortenguss nach Packungsanweisung anrühren. Die Zimtstange und das Citroback zu den Kirschen in den Topf geben und das Ganze ein Mal aufkochen. Den Tortenguss einrühren, alles nochmals aufkochen lassen und die Zimtstange entfernen. Die Masse auf dem fertig gebackenen Tortenboden verteilen und abkühlen lassen.

5 Für die Quarkcreme die Gelatine in wenig kaltem Wasser einweichen. Quark, Süßstoff und Vanillezucker glatt rühren. Die Gelatine ausdrücken, auflösen und unter den Quark rühren. Die Sahne steif schlagen und unter die Quarkmasse heben. Die Masse auf das erkaltete Kompott streichen und die Torte für 4 – 5 Stunden kalt stellen; vor dem Servieren mit Kakao bestäuben.

Tipp

Behalten Sie 12 Kirschen und etwas Sahne zurück, spritzen Sie 12 kleine Sahnerosetten oben auf die Torte und setzen Sie je 1 Kirsche darauf.

Heidelbeertorte

Für 12 Stücke • Zubereitungszeit: ca. 50 Min. • Backzeit: ca. 35 Min. • Kühlzeit: 2 – 3 Std.
pro Stück ca. 220 kcal, 4 g E, 9 g F, 30 g KH, 2,5 KH-P

Für den Biskuitteig:
4 Eier
100 g Zucker
50 g Fruchtzucker
1 TL flüssiger Süßstoff
200 g Buchweizenmehl
1 TL Backpulver
Backpapier für die Form

Für die Füllung:
1 Glas Heidelbeeren, mit Süßstoff gesüßt (340 ml Inhalt)
1 EL Speisestärke
250 g Sahne
4 EL Eierlikör
einige frische Heidelbeeren für die Garnitur

1 Den Backofen auf 180 °C (Umluft 150 °C; Gas Stufe 2) vorheizen. Den Boden einer Springform (26 cm Ø) mit Backpapier auslegen. Den Springformrand mit dem Boden zusammensetzen.

2 Die Eier trennen. Die Eigelbe mit 4 Esslöffeln Wasser, Zucker, Fruchtzucker und Süßstoff mit den Rührbesen eines Handrührgeräts oder einer Küchenmaschine so lange rühren, bis die Masse dickcremig und fast weiß ist. In einer Schüssel das Mehl mit dem Backpulver sorgfältig vermischen. Das Eiweiß steif schlagen.

3 Die Mehlmischung und den Eischnee vorsichtig unter die Eigelbmasse heben, den Teig in die Springform geben und glatt streichen. Auf der mittleren Schiene etwa 35 Minuten backen.

4 Den Kuchen auskühlen lassen und horizontal halbieren. Von den Heidelbeeren ein paar Esslöffel Saft abnehmen und mit der Stärke anrühren. Die Heidelbeeren mit der restlichen Flüssigkeit in einem Topf zum Kochen bringen, die angerührte Stärke einrühren und alles einmal aufkochen, dann 2 – 3 Stunden abkühlen lassen.

5 Die Beeren auf den unteren Boden streichen, den oberen darauf setzen. Die Sahne steif schlagen. Die Torte damit rundum bestreichen. Den Eierlikör in einen Gefrierbeutel geben, an einer Spitze des Beutels ein kleines Loch schneiden und ein welliges Gitter auf die Torte spritzen. Evtl. mit einigen Heidelbeeren garnieren.

Tipp

Buchweizenmehl können Sie im Reformhaus kaufen. Da dieses Mehl im Vergleich zum Weizenmehl relativ eiweißarm ist, eignet es sich besonders gut für Biskuitteige.

Wenn es schnell gehen soll, können Sie auch einen fertig angerührten Mürbeteig verwenden. Sie finden ihn im Kühlregal eines jeden großen Supermarkts.

Für den Mürbeteig:
150 g Weizenmehl (Type 1050)
1 TL Backpulver
1 Ei
50 g Zucker
60 g Diätmargarine
Backpapier für die Form

Für die Füllung:
1 Glas Pfirsiche, mit Süßstoff gesüßt (Abtropfgewicht 250 g)
500 g Magerquark
50 ml Rapsöl
200 ml Milch (1,5 % Fett)
2 Eier
4 TL flüssiger Süßstoff
1 Pck. Vanillepuddingpulver

Käsetorte mit Pfirsichen

Für 12 Stücke • Zubereitungszeit: ca. 45 Min. • Kühlzeit: ca. 30 Min. • Backzeit: ca. 1 Std. 10 Min.
pro Stück ca. 180 kcal, 9 g E, 10 g F, 14 g KH, 1 KH-P

1 Mehl und Backpulver mischen, mit Ei, Zucker und Margarine rasch zu einem Teig verkneten, zu einer Kugel formen, in Folie einschlagen und für etwa 30 Minuten in den Kühlschrank legen. Die Pfirsiche gut abtropfen lassen und klein würfeln. Den Backofen auf 180 °C (Umluft 150 °C, Gas Stufe 2) vorheizen. Den Boden einer Springform (26 cm Ø) mit Backpapier belegen. Den Rand mit dem Boden zusammensetzen.

2 Für die Füllung Quark, Öl und Milch in eine Schüssel geben. Die Eier trennen. Das Eiweiß steif schlagen. Eigelbe, Süßstoff und Vanillepuddingpulver zum Quark geben und alles zu einer homogenen Masse rühren. Den Eischnee unterheben. Den Teig ausrollen, den Boden der Form damit auslegen und einen etwa 3 cm hohen Rand hochdrücken. Die Pfirsichstückchen gleichmäßig auf dem Boden verteilen. Die Quarkmasse darüber geben und glatt streichen.

3 Die Torte im Ofen auf der zweiten Schiene von unten etwa 1 Stunde backen, dann bei ausgeschaltetem Backofen noch etwa 10 Minuten im Ofen ruhen lassen. Die Torte herausnehmen, den Rand der Springform lösen und die Torte auskühlen lassen.

Joghurt-Orangen-Torte

Für 12 Stücke • Zubereitungszeit: ca. 50 Min. • Backzeit: ca. 35 Min. • Kühlzeit: 4 – 5 Std.
pro Stück ca. 110 kcal, 5 g E, 3 g F, 16 g KH, 1,5 KH-P
(Foto S. 106)

Für den Biskuitteig:
4 Eier
100 g Zucker
100 g Fruchtzucker
180 g Weizenmehl (Type 1050)
1 TL Backpulver
1 TL Orangeback
Backpapier für die Form

Für den Belag:
4 Orangen
2 Beutel Götterspeisepulver Zitronengeschmack
3 TL flüssiger Süßstoff
600 g Joghurt (1,5 % Fett)
20 g gehackte Pistazienkerne

1 Den Backofen auf 180 °C (Umluft 150 °C; Gas Stufe 2) vorheizen. Den Boden einer Springform (26 cm Ø) mit Backpapier belegen. Den Rand mit dem Boden zusammensetzen. Die Eier trennen.

2 Die Eigelbe mit 4 Esslöffeln Wasser, dem Zucker und Fruchtzucker zu einer dickcremigen Masse rühren. Mehl, Backpulver und Orangeback mischen. Das Eiweiß steif schlagen. Die Mehlmischung und den Eischnee unter die Eigelbmasse heben, in die Form geben und glatt streichen. Auf der mittleren Schiene etwa 35 Minuten backen, herausnehmen und abkühlen lassen.

3 Inzwischen die Orangen so schälen, dass die weiße Haut mit entfernt wird. Das Fruchtfleisch zwischen den Trennhäutchen herauslösen, den abtropfenden Saft auffangen. Die Orangenfilets von 1 Orange beiseite stellen, die restlichen halbieren.

4 Das Götterspeisepulver in etwa 250 ml Wasser auflösen, diese Mischung erhitzen, nicht kochen lassen. Süßstoff und aufgefangenen Orangensaft hinzufügen, die Götterspeise von der Kochstelle nehmen. Halbierte Orangenfilets mit dem Joghurt verrühren. Die leicht abgekühlte Götterspeise einrühren; etwa 1 Stunde kalt stellen, bis es zu gelieren beginnt.

5 Den Biskuitboden horizontal halbieren. Die eine Hälfte einfrieren. Den anderen Boden auf eine Tortenplatte legen und mit einem Tortenring umschließen. Die Joghurtmasse auf dem Boden glatt streichen. Die Torte in den Kühlschrank stellen.

6 Wenn die Masse nach 3 – 4 Stunden fest ist, den Tortenring lösen, die Torte mit Orangenfilets und Pistazien garnieren.

Tipp

Wenn Sie den Belag mit grüner Götterspeise zubereiten, wird die Torte quietschgrün. Damit können Sie bestimmt auch Ihre Kinder oder Enkelkinder begeistern.

Möhrenkuchen

Für 12 Stücke • Zubereitungszeit: ca. 45 Min. • Backzeit: ca. 45 Min.
pro Stück ca. 220 kcal, 5 g E, 14 g F, 17 g KH, 1,5 KH-P
(Foto S. 106)

300 g Möhren
500 g säuerliche Äpfel
2 EL Zitronensaft
4 Eier
80 ml Rapsöl
50 g flüssiger Honig
1 TL flüssiger Süßstoff
100 g Maismehl oder Maisgrieß
100 g gem. Mandeln
1 TL Backpulver
50 g kalorienreduzierte Aprikosen- oder Orangenmarmelade
Backpapier für die Form

1 Den Backofen auf 180 °C (Umluft 150 °C; Gas Stufe 2) vorheizen. Die Möhren putzen, schälen und fein raspeln. Die Äpfel schälen, vierteln, das Kernhaus entfernen, die Äpfel in dünne Spalten schneiden und mit Zitronensaft beträufeln.

2 Die Eier trennen. Das Eiweiß steif schlagen, die Eigelbe mit Öl, Honig und Süßstoff in einer großen Schüssel cremig rühren. Das Maismehl zusammen mit den Mandeln und dem Backpulver zu den Möhrenraspeln geben und alles gut vermengen. Diese Mischung unter die Eigelb-Öl-Mischung rühren, dann das Eiweiß vorsichtig unterheben.

3 Den Boden einer Springform (26 cm Ø) mit Backpapier belegen. Den Springformrand mit dem Boden zusammensetzen. Den Teig in die Springform füllen und glatt streichen. Die Apfelspalten rosettenartig in den Teig drücken.

4 Den Kuchen im Ofen auf der mittleren Schiene etwa 45 Minuten backen. Inzwischen die Marmelade erwärmen. Den Springformrand vom fertig gebackenen Kuchen lösen und die Marmelade auf den noch warmen Möhrenkuchen streichen.

Tipp

Maismehl oder -grieß finden Sie in der Reformhausabteilung des Supermarkts oder im Reformhaus. Stattdessen können Sie aber auch Weizenmehl verwenden.

Birnenkuchen

Für 12 Stücke • Zubereitungszeit: ca. 40 Min. •
Zeit zum Durchziehen: 12 Std. • Backzeit: ca. 45 Min.
pro Stück ca. 230 kcal, 4 g E, 11 g F, 26 g KH, 2 KH-P

Für den Belag:
4 mittelgroße Birnen
1/2 l Rotwein

Für den Teig:
3 Eiweiß
150 g Diätmargarine
80 g flüssiger Honig
2 TL flüssiger Süßstoff
150 g blütenzarte Haferflocken
2 EL Haferkleie
150 g Weizenvollkornmehl
2 TL Backpulver
Backpapier und Margarine
für die Form

1 Die Birnen schälen, vierteln und das Kernhaus entfernen. Die Birnenviertel in einen kleinen Topf geben und mit dem Rotwein einmal aufkochen lassen, dann über Nacht durchziehen lassen.

2 Den Boden einer Springform (24 cm ∅) mit Backpapier belegen, mit dem Springformrand zusammensetzen, diesen mit etwas Margarine einfetten. Den Backofen auf 200 °C (Umluft 170 °C; Gas Stufe 3) vorheizen. Die Birnen auf ein Sieb geben, den Rotwein dabei auffangen und die Birnen gut abtropfen lassen.

3 Das Eiweiß steif schlagen. Dann mit denselben Schneebesen die Margarine mit dem Honig und dem Süßstoff schaumig rühren. Haferflocken und -kleie, Mehl und Backpulver vermischen. Mit einem Schneebesen die Mehlmischung, etwa 100 ml Rotwein und das Eiweiß unter die Margarinemasse heben.

4 Den Teig in die vorbereitete Springform geben und mit einer Teigkarte gleichmäßig verteilen. Die Birnen in den Teig zur Hälfte eindrücken und den Kuchen im Ofen auf der mittleren Schiene etwa 45 Minuten backen.

Tipp

Dieser Kuchen ist cholesterinfrei und enthält reichlich Ballaststoffe aus Hafer. Diese binden Cholesterin und tragen somit dazu bei, einen hohen Cholesterinspiegel zu senken.

Pflaumenkuchen vom Blech

Für 20 Stücke • Zubereitungszeit: ca. 50 Min. • Gehzeit: ca. 40 Min. • Backzeit: ca. 35 Min.
pro Stück ca. 120 kcal, 4 g E, 2 g F, 21 g KH, 2 KH-P

Für den Hefeteig:
250 g Weizenvollkornmehl
250 g Weizenmehl (Type 405)
1 Pck. Trockenhefe
1 1/2 TL flüssiger Süßstoff
etwas Jodsalz
2 Eier
3 EL Sonnenblumenöl
250 ml Milch (1,5 % Fett)
etwas Fett und Mehl für das Blech

Für den Belag:
1,6 kg Pflaumen
20 g blütenzarte Haferflocken
30 g Zucker-Süßstoff-Gemisch (z. B. Natreen Raffinesse)
1/2 TL Zimtpulver

1 Die beiden Mehlsorten in eine Schüssel geben, eine Mulde hineindrücken und die Hefe hineingeben. Süßstoff, Salz, Eier und Öl auf dem Mehl am Rand der Schüssel verteilen.

2 Die Milch erwärmen und in und um die Mulde gießen. Dann alles mit den Knethaken eines Handrührgeräts oder einer Küchenmaschine zu einem glatten Teig verarbeiten.

3 Den Teig mit einem Tuch abgedeckt an einem warmen Ort etwa 30 Minuten gehen lassen, bis er sein Volumen fast verdoppelt hat.

4 Die Pflaumen waschen und entsteinen. Den Backofen auf 180 °C (Umluft 150 °C; Gas Stufe 2) vorheizen. Ein Backblech einfetten und mit Mehl bestäuben. Den Hefeteig durchkneten, ausrollen, aufs Blech legen und einen Rand hochziehen.

5 Den Teig mit den Haferflocken bestreuen und nochmals 10 Minuten gehen lassen. Die Pflaumen dachziegelartig mit der Hautseite nach unten dicht aneinander auf den Teig setzen.

6 Zucker-Süßstoff und Zimt vermischen und über die Pflaumen streuen. Den Kuchen im Ofen auf der mittleren Schiene etwa 35 Minuten backen.

Tipp

Für die meisten von uns gehört zu einem Stück Pflaumenkuchen ein Tupfen Schlagsahne. Versuchen Sie es aber doch einmal Ihrer Figur zuliebe mit fettarmem Vanillepudding – schmeckt herrlich!

Anstelle von Äpfeln können Sie für diesen Blechkuchen auch anderes Kern- oder Steinobst verwenden.

Für den Rührteig:
250 g Diätmargarine
100 g Zucker
2 TL flüssiger Süßstoff
6 Eier
150 g Weizenmehl (Type 405)
150 g Weizenvollkornmehl
1 Pck. Backpulver
100 g gem. Haselnüsse
100 ml Milch (1,5 % Fett)
Backpapier oder Fett und Mehl für das Blech

Für den Belag:
1 kg Äpfel

Apfelblechkuchen

Für 20 Stücke • Zubereitungszeit: ca. 40 Min. • Backzeit: ca. 40 Min.
pro Stück ca. 250 kcal, 5 g E, 16 g F, 21 g KH, 2 KH-P

1 Margarine, Zucker und Süßstoff mit den Schneebesen eines Handrührgeräts oder einer Küchenmaschine schaumig schlagen. Die Eier nacheinander unterrühren.

2 Die beiden Mehlsorten und das Backpulver mischen; zusammen mit den gemahlenen Haselnüssen unter die Ei-Masse geben. Zum Schluss die Milch hinzufügen, damit der Teig etwas weicher wird.

3 Den Backofen auf 180 °C (Umluft 150 °C; Gas Stufe 2) vorheizen. Ein Backblech mit Backpapier auslegen oder einfetten und mit Mehl bestäuben. Den Teig gleichmäßig auf dem Blech verteilen.

4 Die Äpfel schälen und das Kernhaus entfernen. Die Äpfel in Achtel schneiden und diese dicht nebeneinander in Reihen auf den Teig legen. Den Apfelkuchen im Ofen auf der mittleren Schiene etwa 40 Minuten backen.

Gugelhupf

Für 12 Stücke • Zubereitungszeit: ca. 25 Min. •
Gehzeit: 1 Std. • Backzeit: 30 – 40 Min.
pro Stück ca. 220 kcal, 5 g E, 12 g F, 22 g KH, 2 KH-P

100 g Rosinen
4 EL Rum
250 g Weizenmehl (Type 1050)
1 Pck. Trockenhefe
100 ml Milch (1,5 % Fett)
1 TL flüssiger Süßstoff
1 TL Zucker
120 g Diätmargarine
2 Eier
50 g gehackte Mandeln
etwas Fett und Mehl
für die Form
1 EL Puderzucker zum
Bestäuben

1 Die Rosinen im Rum ziehen lassen. Das Mehl in eine Schüssel geben, eine Mulde hineindrücken und die Hefe hineingeben.

2 Die Milch leicht erwärmen, zusammen mit dem Süßstoff und dem Zucker hinzufügen. Die Margarine in Stückchen an den Rand der Schüssel setzen; die Eier hinzugeben.

3 Das Ganze mit den Knethaken eines Handrührgerätes oder einer Küchenmaschine zu einem glatten geschmeidigen Teig verarbeiten. Den Teig abgedeckt an einem warmen Ort etwa 30 Minuten gehen lassen.

4 Eine Mini-Gugelhupfform (20 cm Ø) einfetten und mit Mehl bestäuben. Den Backofen auf 180 °C (Umluft 150 °C; Gas Stufe 2) vorheizen.

5 Die Rumrosinen und die Mandeln zum Teig geben und das Ganze nochmals kräftig kneten. Dann den Teig in die Gugelhupfform füllen und weitere 30 Minuten gehen lassen.

6 Den Kuchen im Ofen auf der mittleren Schiene 30 – 40 Minuten backen, dann aus der Form stürzen und vor dem Servieren mit Puderzucker bestäuben.

Tipp

Anstelle der Rosinen können Sie auch andere Trockenfrüchte verwenden, z. B. klein geschnittene Aprikosen oder Pflaumen.

Müslimuffins

Für 12 Stück • Zubereitungszeit: ca. 25 Min. • Backzeit: ca. 20 Min.
pro Stück ca. 290 kcal, 6 g E, 17 g F, 27 g KH, 2 KH-P

Für den Rührteig:
2 Eier, 120 ml Rapsöl
200 ml Buttermilch
2 TL flüssiger Süßstoff
50 g Zucker
200 g Weizenvollkornmehl
150 g Müslimischung mit Rosinen und Nüssen, ohne Zuckerzusatz
1 TL Backpulver, 1 TL Natron
12 Papierförmchen

Für den Belag:
50 g gehackte Mandeln
50 g grobe Haferflocken
3 EL Rapsöl, 2 EL Zucker
1/2 TL flüssiger Süßstoff
1 TL Zimtpulver

1 Den Backofen auf 200 °C (Umluft 170 °C; Gas Stufe 3) vorheizen. In die Vertiefungen eines Muffinblechs (12 Vertiefungen) Papierförmchen setzen.

2 Die Eier mit dem Öl, der Buttermilch sowie mit Süßstoff und Zucker in eine Schüssel geben und alles miteinander verrühren.

3 Das Mehl mit der Müslimischung, dem Backpulver sowie dem Natron mischen und unter die Eier-Öl-Mischung rühren, sodass ein glatter Teig entsteht. Den Teig gleichmäßig auf die 12 Förmchen verteilen, sodass sie jeweils zu 3/4 gefüllt sind.

4 Für den Belag die Mandeln und Haferflocken mit Öl, Zucker, Süßstoff und Zimt gut verrühren. Je 1 Esslöffel der Haferflockenmischung auf den Muffinteig geben und etwas andrücken.

5 Die Muffins im Ofen auf der mittleren Schiene etwa 20 Minuten backen, etwa 5 Minuten im Blech auskühlen lassen, dann herausnehmen und auf einem Kuchengitter auskühlen lassen.

Tipp

Verwenden Sie bei diesem Muffinrezept auf jeden Fall Backpapierförmchen, da die Muffins sonst beim Herauslösen leicht auseinander brechen.

Wälzen Sie die Kirschen, bevor Sie sie zum Teig geben, in etwas zurückbehaltenem Mehl, dann sinken diese nicht so stark ab.

50 g Blockschokolade
1 Glas Schattenmorellen, mit Süßstoff gesüßt (185 g Abtropfgewicht)
2 Eier
80 g Rapsöl
250 g Joghurt (1,5 % Fett)
2 TL flüssiger Süßstoff
50 g Zucker
125 g Weizenmehl (Type 405)
125 g Weizenvollkornmehl
1 TL Backpulver
1 TL Natron
12 Papierförmchen

Kirsch-Schoko-Muffins

Für 12 Stück • Zubereitungszeit: ca. 25 Min. • Backzeit: ca. 25 Min.
pro Stück ca. 200 kcal, 5 g E, 9 g F, 24 g KH, 2 KH-P

1 Die Schokolade in feine Späne schneiden, dabei den Schokoladenblock auf ein Brett legen und mit einem Messer dünn daran entlangschneiden. Die Schattenmorellen auf ein Sieb geben und abtropfen lassen. Den Backofen auf 200 °C (Umluft 170 °C; Gas Stufe 3) vorheizen. In die Vertiefungen eines Muffinblechs (12 Vertiefungen) Papierförmchen setzen.

2 Die Eier mit Öl, Joghurt, Süßstoff und Zucker in eine Schüssel geben und alles mit einem Schneebesen gut verrühren.

3 Die beiden Mehlsorten, die Schokoladenraspel, das Backpulver sowie das Natron mischen und unter die Eier-Öl-Mischung rühren, sodass ein glatter Teig entsteht. Die Schattenmorellen zum Schluss unterheben.

4 Den Teig gleichmäßig auf die 12 Vertiefungen verteilen. Die Muffins im Ofen auf der mittleren Schiene etwa 20 Minuten backen, etwa 5 Minuten im Blech auskühlen lassen, dann herausnehmen und auf einem Kuchengitter auskühlen lassen.

Buchteln mit Vanillesauce

Für 12 Stück • Zubereitungszeit: ca. 45 Min. • Gehzeit: ca. 1 Std. • Backzeit: ca. 20 Min.
pro Stück ca. 270 kcal, 7 g E, 11 g F, 35 g KH, 3 KH-P

Für die Buchteln:
500 g Weizenmehl (Type 550)
1 Pck. Trockenhefe
1 Pck. Vanillezucker
1 1/2 TL flüssiger Süßstoff
1 Ei
130 g Diätmargarine
200 ml Milch (1,5 % Fett)

Für die Füllung:
12 TL kalorienreduziertes Pflaumenmus

Für die Sauce:
1/2 Pck. Vanillepuddingpulver
500 ml Milch (1,5 % Fett)
1/2 TL flüssiger Süßstoff

1 Das Mehl in eine Schüssel sieben und eine Mulde hineindrücken. Die Hefe hineingeben. Den Vanillezucker darüber streuen. Süßstoff, Ei und 80 g Margarine an den Rand der Schüssel geben.

2 Die Milch erwärmen und in und um die Mulde gießen. Dann alles mit den Knethaken zu einem glatten Teig verarbeiten. Den Teig abgedeckt an einem warmen Ort etwa 30 Minuten gehen lassen, bis er sein Volumen fast verdoppelt hat.

3 Den Teig durchkneten und in 12 gleich große Stücke teilen. Diese mit dem Handballen etwas flach drücken. Je 1 Teelöffel Pflaumenmus auf den Teig geben. Die Teigränder über die Füllung schlagen und jedes Teigstück zu einer runden Kugel formen. Die restlichen 50 g Margarine in einer rechteckigen Auflaufform (20 x 30 cm) zerlassen. Die Teigbällchen darin wenden und nicht zu dicht nebeneinander legen. Die Buchteln nochmals zugedeckt an einem warmen Ort etwa 30 Minuten gehen lassen.

4 Etwa 10 Minuten vor Ende der Gehzeit den Ofen auf 200 °C (Umluft 170 °C; Gas Stufe 3) vorheizen. Die Buchteln etwa 20 Minuten auf der unteren Schiene backen, etwas abkühlen lassen.

5 Die Vanillesauce nach Packungsanweisung zubereiten. Den Süßstoff hinzufügen und alles unter Rühren einmal aufkochen lassen. Die Vanillesauce zu den Buchteln servieren.

Tipp

Sehr gut schmecken die Buchteln auch, wenn Sie 3 – 5 Esslöffel Mohn unter den Teig kneten.

Mischen Sie doch auch einmal zusätzlich 2 – 3 Esslöffel gemahlene oder fein gehackte Nüsse unter die Apfelfüllung.

Für den Quark-Öl-Teig:
125 g Magerquark
4 EL Milch (1,5 % Fett)
5 EL Rapsöl
1 TL flüssiger Süßstoff
250 g Weizenmehl (Type 550)
1/2 Pck. Backpulver
Mehl für die Arbeitsfläche
Backpapier für das Blech

Für die Füllung:
2 kleine Äpfel
50 ml Weißwein
1 TL flüssiger Süßstoff
1/4 TL Zimtpulver

Apfeltaschen

Für 6 Stück • Zubereitungszeit: ca. 35 Min. • Backzeit: ca. 15 Min.
pro Stück ca. 260 kcal, 9 g E, 9 g F, 36 g KH, 3 KH-P

1 Quark, Milch, Öl und Süßstoff in einer Schüssel mit den Knethaken eines Handrührgeräts oder einer Küchenmaschine verarbeiten. Mehl und Backpulver miteinander vermengen und zuerst esslöffelweise unter Rühren hinzufügen, den Rest mit den Händen unterkneten. Den Backofen auf 200 °C (Umluft 170 °C; Gas Stufe 3) vorheizen.

2 Die Äpfel schälen und das Kernhaus entfernen. Die Äpfel in dünne Spalten schneiden und diese in dem Weißwein 1 – 2 Minuten dünsten. Die Äpfel mit Süßstoff und Zimt abschmecken; etwas abkühlen lassen.

3 Den Teig auf einer bemehlten Arbeitsfläche dünn ausrollen, 6 quadratische Teigböden von etwa 10 x 10 cm zurechtschneiden. Auf eine Seite des Teigbodens etwa 1 Esslöffel Apfelfüllung geben. Den Teig von der einen Seite über die andere Seite klappen und die Ränder mit den Zinken einer Gabel zusammendrücken.

4 Ein Blech mit Backpapier belegen. Die Apfeltaschen darauf setzen und auf der mittleren Schiene etwa 15 Minuten backen. Auf einem Gitter abkühlen lassen.

Quark-Windbeutel

Für 12 Stück • Zubereitungszeit: ca. 35 Min. • Backzeit: ca. 20 Min.
pro Stück ca. 170 kcal, 7 g E, 10 g F, 12 g KH, 1 KH-P

Für den Brandteig:
1 Prise Jodsalz
80 g Diätmargarine
150 g Weizenmehl (Type 550)
1 EL Kakaopulver
4 Eier
Backpapier für das Blech

Für die Füllung:
250 g Magerquark
50 ml kalter starker Kaffee
100 g Sahne
1 TL flüssiger Süßstoff
2 EL Mandellikör

1 Den Backofen auf 200 °C (Umluft 170 °C; Gas Stufe 3) vorheizen. Etwa 1/4 l Wasser mit dem Salz in einem Topf zum Kochen bringen. Die Margarine in dem heißen Wasser schmelzen.

2 Inzwischen das Mehl mit dem Kakaopulver mischen. Die Mehlmischung unter Rühren auf einmal in den Topf geben und so lange kräftig weiterrühren, bis ein Teigkloß entstanden ist und sich am Topfboden eine weißliche Schicht gebildet hat.

3 Den Teigkloß in eine Rührschüssel geben und nach und nach die Eier einzeln unterrühren. Den Teig mithilfe von 2 Esslöffeln als eigroße Häufchen auf ein mit Backpapier ausgelegtes Blech setzen. Die Häufchen im Ofen auf der mittleren Schiene etwa 20 Minuten backen und sofort heiß aufschneiden.

4 Den Quark mit dem Kaffee glatt rühren. Die Sahne steif schlagen, unter die Quarkmasse heben und alles mit Süßstoff und Mandellikör abschmecken. Das Ganze in einen Spritzbeutel füllen und jeweils einen dicken Tupfer in die untere Hälfte jedes Windbeutels spritzen; die Deckel aufsetzen.

Tipp

Schneiden Sie die Windbeutel noch warm auf, sonst brechen sie, aber füllen Sie das Gebäck erst, wenn es ausgekühlt ist.

Kleine Florentiner

Für 40 Stück • Zubereitungszeit: ca. 50 Min. • Backzeit: ca. 12 Min.
pro Stück ca. 70 kcal, 1 g E, 4 g F, 6 g KH, 0,5 KH-P

50 g Diätmargarine
100 g Fruchtzucker
2 EL flüssiger Honig
125 g Sahne
50 g Belegkirschen
50 g Zitronat
200 g Mandelstifte
1 EL Weizenvollkornmehl
1 TL Zitronensaft
Backpapier für das Blech

Für die Verzierung:
60 g Zartbitterkuvertüre
5 g Kokosfett

1 Die Margarine mit dem Fruchtzucker und dem Honig in einem Topf vermischen und so lange erhitzen, bis die Masse leicht gebräunt ist. Dann die Sahne hinzufügen und rühren, bis sich der Zucker gelöst hat.

2 Die Belegkirschen und das Zitronat fein würfeln. Mit den Mandelstiften und dem Mehl zur Butter-Honig-Masse geben. Die Masse so lange kochen lassen, bis sie gebunden ist. Zum Schluss den Zitronensaft unterrühren.

3 Den Backofen auf 180 °C (Umluft 150 °C; Gas Stufe 2) vorheizen. Ein Backblech mit Backpapier auslegen. Mit 2 Teelöffeln Häufchen von der Masse im Abstand von mindestens 5 cm aufs Blech setzen. Die Florentiner im Ofen auf der mittleren Schiene etwa 12 Minuten backen; abkühlen lassen.

4 Die Kuvertüre mit dem Kokosfett in einem kleinen Topf über dem heißen Wasserbad schmelzen. Die Florentiner auf einer Seite etwa 1 cm tief in die Kuvertüre tauchen und zum Trocknen auf Pergamentpapier setzen.

2 Eiweiß
50 g Puderzucker
1 TL flüssiger Süßstoff
1 TL Zimtpulver
3 Tropfen Bittermandelöl
1 TL Mandellikör
30 g Speisestärke
150 g fein gem. Mandeln
Backpapier für das Blech

Tipp

Mahlen Sie die Mandeln selbst, indem Sie sie mit der feinsten Scheibe Ihrer Küchenmaschine zerkleinern – so erhalten Sie ein sehr luftiges Mandelmehl.

Amarettini

Für 30 Stück • Zubereitungszeit: ca. 25 Min. • Backzeit: ca. 35 Min.
pro Stück ca. 40 kcal, 1 g E, 3 g F, 3 g KH, 0,25 KH-P

1 Den Backofen auf 130 °C (Umluft 100 °C; Gas Stufe 1) vorheizen. Ein Backblech mit Backpapier belegen.

2 Das Eiweiß mit den Schneebesen eines Handrührgeräts oder einer Küchenmaschine steif schlagen. Den gesiebten Puderzucker nach und nach langsam einrieseln lassen.

3 Süßstoff, Zimt, Bittermandelöl und Mandellikör sowie die Stärke und die gemahlenen Mandeln unterheben. Von diesem Eiweißteig mit 2 Teelöffeln kleine Häufchen im Abstand von 2 cm auf das Backblech setzen.

4 Die Amarettini im Ofen auf der mittleren Schiene etwa 35 Minuten backen; auf einem Kuchengitter auskühlen lassen.

Haferflockenhäufchen

Für 40 Stück • Zubereitungszeit: ca. 25 Min. • Backzeit: 20 – 25 Min.
pro Stück ca. 60 kcal, 1 g E, 3 g F, 7 g KH, 0,5 KH-P

50 g Rosinen
2 EL Rum
125 g Diätmargarine
100 g Zucker
50 g Fruchtzucker
1 TL flüssiger Süßstoff
1 Ei
60 g Weizenvollkornmehl
125 g kernige Haferflocken
1 TL Backpulver
Backpapier für das Blech

1 Die Rosinen in den Rum einlegen. Den Backofen auf 180 °C (Umluft 150 °C; Gas Stufe 2) vorheizen. Ein Backblech mit Backpapier auslegen.

2 Die Margarine mit dem Zucker, dem Fruchtzucker und dem Süßstoff mit den Schneebesen eines Handrührgeräts oder einer Küchenmaschine schaumig schlagen. Das Ei unterrühren.

3 Das Mehl mit den Haferflocken und dem Backpulver mischen. Die Mehlmischung esslöffelweise zur Schaummasse geben, dabei das Ganze mit den Knethaken zu einem glatten Teig verarbeiten. Zum Schluss die Rumrosinen unterrühren.

4 Aus dem Teig mit 2 Esslöffeln Häufchen abstechen, diese mit etwa 5 cm Abstand nebeneinander auf das Backblech setzen. Die Haferflockenhäufchen im Ofen auf der mittleren Schiene in 20 – 25 Minuten goldbraun backen.

Tipp

Anstelle von Haferflocken und Rosinen können Sie die gleiche Menge einer beliebigen Müslimischung ohne Zucker verwenden.

Mit Weizenvollkornmehl lassen sich diese Kekse ebenfalls backen, dann sollten Sie jedoch 4 – 6 Esslöffel Milch hinzufügen, damit der Teig nicht zu fest wird.

80 g Diätmargarine
50 g Rübensirup
100 g Fruchtzucker
1 Ei
1/2 Pck. Citroback
200 g Weizenmehl (Type 550)
1 TL Backpulver
1 EL Ingwerpulver
1 TL Zimtpulver
1 Prise Jodsalz
Backpapier für das Blech

Ingwerkekse

Für 30 Stück • Zubereitungszeit: ca. 25 Min. • Backzeit: ca. 15 Min.
pro Stück ca. 50 kcal, 1 g E, 2 g F, 6 g KH, 0,5 KH-P

1 Die Margarine mit dem Rübensirup und dem Zucker mit den Schneebesen eines Handrührgeräts oder einer Küchenmaschine schaumig schlagen. Das Ei und das Citroback unterrühren.

2 Das Mehl in eine Schüssel sieben. Backpulver, Ingwer, Zimt und Salz untermischen. Die Mehlmischung esslöffelweise zur Schaummasse geben und das Ganze mit den Knethaken zu einem glatten Teig verarbeiten. Den Backofen auf 180 °C (Umluft 150 °C; Gas Stufe 2) vorheizen.

3 Ein Backblech mit Backpapier auslegen. Aus dem Teig mit 2 Teelöffeln etwa 30 kleine Häufchen abstechen, mit etwa 3 cm Abstand nebeneinander auf das Backblech legen. Die Kekse auf der mittleren Schiene in etwa 15 Minuten goldbraun backen.

Pizza mit Spinat und Pilzen

Für 9 Stücke • Zubereitungszeit: ca. 1 Std. • Gehzeit: ca. 40 Min. • Backzeit: ca. 40 Min.
pro Stück ca. 200 kcal, 7 g E, 8 g F, 24 g KH, 1,5 KH-P

1 Die beiden Mehlsorten in eine Schüssel geben, eine Mulde hineindrücken und Hefe und Zucker hineingeben. Salz und Öl an den Rand der Schüssel geben. 125 ml lauwarmes Wasser dazugeben und alles zu einem glatten Teig verarbeiten. Abgedeckt etwa 30 Minuten gehen lassen, bis er sein Volumen fast verdoppelt hat.

2 Inzwischen Zwiebel und Knoblauch schälen und hacken. Das Öl in einer Pfanne erhitzen, Zwiebel und Knoblauch darin andünsten, die Tomaten inkl. Saft hinzufügen. Mit Salz, Pfeffer, 1 Esslöffel Pizzagewürz würzen, das Lorbeerblatt dazugeben. Alles offen etwas einkochen lassen. Das Lorbeerblatt herausnehmen.

3 Die Champignons putzen und blättrig schneiden. Den aufgetauten Spinat etwas zerpflücken. Den Gouda reiben. Den Backofen auf 220 °C (Umluft 190 °C; Gas Stufe 4) vorheizen.

4 Den Teig durchkneten, ausrollen, auf ein mit Backpapier ausgelegtes Blech legen und in die Ränder und Ecken drücken. Mit einem Küchentuch abgedeckt etwa 10 Minuten gehen lassen.

5 Die Tomatensauce auf den Pizzateig verteilen. Pilze und Spinat gleichmäßig darüber geben; mit Salz, Pfeffer und dem restlichen Pizzagewürz würzen. Den Käse darüber streuen und die Pizza auf der mittleren Schiene etwa 25 Minuten backen.

Für den Hefeteig:
150 g Weizenmehl (Type 550)
150 g Weizenvollkornmehl
1 Pck. Trockenhefe
1 Prise Zucker
1/2 TL Jodsalz, 2 EL Olivenöl

Für den Belag:
1 Zwiebel, 1 Knoblauchzehe
1 EL Olivenöl
1 Dose geschälte Tomaten (ca. 400 g)
etwas Jodsalz, schwarzer Pfeffer
1 1/2 EL Pizzagewürz
1 Lorbeerblatt
150 g Champignons
100 g TK-Blattspinat, aufgetaut
100 g Gouda (48 % Fett i. Tr.)

Tipp

Der Kaloriengehalt einer Pizza kann – abhängig vom Belag und von der Dicke des Teiges – sehr stark variieren. Wenn Sie auf Ihr Gewicht achten, entscheiden Sie sich am besten für vegetarische Pizzen, rollen Sie den Teig dünn aus und seien Sie sparsam mit dem Käse.

Probieren Sie doch auch einmal eine Füllung aus blanchiertem Wirsing und geräuchertem Forellenfilet.

Für den Quark-Öl-Teig:
125 g Magerquark
5 EL Rapsöl
5 EL Milch (1,5 % Fett)
1/2 TL Jodsalz
200 g Weizenmehl (Type 550)
3 EL Haferkleie
2 EL Sesamsamen
1/2 Pck. Backpulver

Für die Füllung:
4 Zweige frisches Basilikum
1 Zwiebel
1 Knoblauchzehe
1 TL Rapsöl
100 g Schafkäse (Feta)
100 g TK-Blattspinat, aufgetaut

Spinat-Schafkäse-Teigtaschen

Für 9 Stück • Zubereitungszeit: ca. 40 Min. • Backzeit: ca. 15 Min.
pro Stück ca. 240 kcal, 10 g E, 11 g F, 24 g KH, 1,5 KH-P

1 Quark, Öl, Milch und Salz verrühren. Mehl, Kleie, Sesam und Backpulver mischen, zur Quarkmasse geben und alles mit den Knethaken zu einem Teig verarbeiten.

2 Die Basilikumblätter in dünne Streifen schneiden. Zwiebel und Knoblauch schälen, hacken; in einer beschichteten Pfanne im Öl andünsten. Den Schafkäse würfeln, mit dem Spinat zu den Zwiebeln geben, unter Rühren erwärmen, mit Basilikum, Salz und Pfeffer abschmecken. Den Backofen auf 200 °C (Umluft 170 °C; Gas Stufe 3) vorheizen.

3 Den Quark-Öl-Teig auf einer bemehlten Arbeitsfläche dünn ausrollen, 9 runde Teigkreise von etwa 10 cm Ø ausstechen. Je 1 Esslöffel Spinat-Käse-Füllung mittig auf jeden Kreis geben. Den Teig zusammenklappen und die Ränder mit den Zinken einer Gabel zusammendrücken. Die Taschen evtl. mit etwas Sesam bestreuen.

4 Das Backblech mit Backpapier belegen. Die Teigtaschen darauf setzen und im Ofen auf der mittleren Schiene etwa 15 Minuten backen.

Gemüsequiche

Für 12 Stücke • Zubereitungszeit: ca. 50 Min. • Backzeit: ca. 45 Min.
pro Stück ca. 240 kcal, 12 g E, 14 g F, 17 g KH, 1 KH-P

Für den Quark-Öl-Teig:
125 g Magerquark
5 EL Rapsöl
5 EL Milch (1,5 % Fett)
1/2 TL Jodsalz
200 g Weizenmehl (Type 1050)
1/2 Pck. Backpulver

Für den Belag:
1 Bd. junge Möhren
2 kleine Knollen Kohlrabi
1 Bd. Frühlingszwiebeln
10 g Diätmargarine
150 g gekochter Schinken
150 g Gouda (48 % Fett i. Tr.)
3 Eier
200 g saure Sahne
etwas Salz, Pfeffer, Muskat

1 Den Quark in einer Schüssel mit Öl, Milch und Salz verrühren. Mehl und Backpulver mischen, zur Quarkmasse geben und alles mit den Knethaken zu einem geschmeidigen Teig verarbeiten.

2 Die Möhren, die Kohlrabi und die Frühlingszwiebeln putzen. Möhren und Kohlrabi schälen, die Möhren in etwa 3 cm lange Stücke schneiden, den Kohlrabi in 1 cm breite und 3 cm lange Stifte. Die Frühlingszwiebeln ebenfalls in etwa 3 cm lange Stücke schneiden. Etwa 1 EL Margarine in einem Topf erhitzen, Möhren- und Kohlrabistücke sowie etwa 1 TL Wasser hinzugeben und das Gemüse etwa 20 Minuten bei geschlossenem Deckel dünsten. Die Frühlingszwiebeln nach 10 Minuten dazugeben und mitdünsten.

3 Den Schinken würfeln, den Gouda reiben. Für den Guss die Eier verquirlen, die saure Sahne und etwa 50 g geriebenen Käse unterrühren. Alles kräftig mit Salz, Pfeffer und Muskat würzen.

4 Den Backofen auf 200 °C (Umluft 170 °C; Gas Stufe 3) vorheizen. Den Boden einer Quicheform (30 cm Ø) mit Backpapier auslegen und dieses mit etwas Margarine einfetten. Den Teig rund ausrollen, in die Form legen und den Rand andrücken. Gemüse und Schinken auf den Boden verteilen. Den Guss darüber geben, gleichmäßig mit dem restlichen Käse bestreuen. Die Quiche auf der mittleren Schiene etwa 45 Minuten backen.

Tipp

Wenn Sie den Guss mit einem kräftigen Blauschimmelkäse abschmecken, wird diese milde Quiche würziger.

Anstelle von Artischocken können Sie auch Spargel, Fenchel oder Brokkoli verwenden. Blanchieren Sie das Gemüse jedoch zuvor.

Für den Mürbeteig:
200 g Weizenvollkornmehl
1/2 TL Jodsalz
1 Ei
100 g Diätmargarine
etwas Öl für die Förmchen

Für den Belag:
60 g geräucherter Lachs
1 Dose Artischockenherzen (220 g Abtropfgewicht)
2 Eier
150 g Joghurt (1,5 % Fett)
1 EL fein geriebener Meerrettich
etwas Jodsalz
etwas schwarzer Pfeffer
60 g Gouda (48 % Fett i.Tr.)

Artischocken-Lachs-Quiches

Für 6 Stück • Zubereitungszeit: ca. 30 Min. • Kühlzeit: ca. 30 Min. • Backzeit: ca. 20 Min.
pro Stück ca. 340 kcal, 13 g E, 20 g F, 22 g KH, 2 KH-P

1 Mehl, Salz und Ei in eine Schüssel geben. Die Margarine in Flöckchen dazugeben. Das Ganze mit den Knethaken eines Handrührgeräts oder einer Küchenmaschine zu einem geschmeidigen Teig verarbeiten. Den Teig mit den Händen zu einer Kugel formen. Die Teigkugel in Frischhaltefolie einschlagen und etwa 30 Minuten kalt stellen.

2 Den Lachs in feine Streifen und die Artischockenherzen in Scheiben schneiden. Eier, Joghurt, Meerrettich, Salz und Pfeffer miteinander verrühren. Den Backofen auf 180 °C (Umluft 150 °C; Gas Stufe 2) vorheizen. 6 kleine Quicheförmchen (10 cm Ø) mit etwas Öl einpinseln.

3 Den Teig in 6 gleich große Stücke teilen und diese zu etwa 12 cm großen Kreisen ausrollen. Die Böden in die Förmchen legen, einen Rand hochdrücken. Artischocken und Lachs auf den Böden verteilen. Die Eiermasse über die Füllung geben und glatt streichen. Den Gouda reiben und die Quiche damit bestreuen. Die Mini-Quiches im Ofen auf der mittleren Schiene etwa 20 Minuten backen.

Hackfleischkuchen

Für 10 Stück • Zubereitungszeit: ca. 40 Min. • Gehzeit: ca. 45 Min. • Backzeit: ca. 50 Min.
pro Stück ca. 240 kcal, 8 g E, 9 g F, 31 g KH, 2 KH-P

Für den Hefeteig:
400 g Weizenmehl (Type 550)
1 Pck. Trockenhefe
1 Prise Zucker, 1/2 TL Jodsalz
4 EL Rapsöl
200 ml Milch (1,5 % Fett)
Backpapier für die Form

Für den Belag:
2 Zwiebeln
1 grüne Paprikaschote
1 EL Rapsöl
250 g Rinderhackfleisch
1 Dose geschälte Tomaten (400 g)
100 g geriebener Emmentaler (45 % Fett i. Tr.)
etwas Jodsalz
etwas schwarzer Pfeffer

1 Das Mehl in eine Schüssel sieben, eine Mulde hineindrücken und die Hefe hineingeben. Den Zucker darüber streuen. Das Salz und Öl an den Rand der Schüssel geben. Die Milch erwärmen und dazugießen. Dann alles mit den Knethaken zu einem glatten Teig verarbeiten. Den Teig abgedeckt an einem warmen Ort gehen lassen, bis er sein Volumen fast verdoppelt hat.

2 Inzwischen für den Belag die Zwiebeln schälen und fein würfeln. Die Paprikaschote waschen, putzen und in kleine Würfel schneiden. Das Öl in einer Pfanne erhitzen, die Zwiebeln und das Hackfleisch darin anbraten und mit dem Tomatensaft ablöschen. Die Dosentomaten in Stücke schneiden und zusammen mit den Paprikawürfeln hinzufügen. Das Ganze offen etwas einkochen lassen.

3 Den Backofen auf 180 °C (Umluft 150 °C; Gas Stufe 2) vorheizen. Eine Springform (26 cm Ø) mit Backpapier auslegen. Den Hefeteig durchkneten und zu einer Platte von 30 x 60 cm ausrollen. Die Gemüse-Hack-Masse auf dem Teig verteilen. Den Emmentaler zur Hälfte darauf verteilen. Den Hefeteig von der breiten Seite aufrollen. Die Naht fest andrücken und die Rolle in etwa 4 cm breite Scheiben schneiden.

4 Die Teigstücke dicht an dicht nebeneinander in die Form legen und etwa 15 Minuten gehen lassen. Mit dem restlichen Käse bestreuen. Auf der mittleren Schiene etwa 50 Minuten backen.

Tipp

Bestreichen Sie den Hackfleischkuchen vor dem zweiten Gehen mit etwas Milch, dann wird der Teig saftiger.

Anstelle von Hefeteig können Sie die Zwiebelschnecken auch mit Quark-Öl-Teig zubereiten.

Für den Hefeteig:
300 g Weizenvollkornmehl
1 Pck. Trockenhefe
1 Prise Zucker
1/2 TL Jodsalz
100 g Kräuterfrischkäse »leicht«, (z. B. Philadelphia)
Backpapier für das Blech
Mehl für die Arbeitsfläche

Für den Belag:
2 Zwiebeln
1 EL Rapsöl
etwas Jodsalz
etwas schwarzer Pfeffer aus der Mühle

Zwiebelschnecken

Für 8 Stück • Zubereitungszeit: ca. 30 Min. • Gehzeit: ca. 50 Min. • Backzeit: ca. 20 Min.
pro Stück ca. 170 kcal, 6 g E, 5 g F, 24 g KH, 2 KH-P

1 Das Mehl in eine Schüssel sieben, in eine Mulde die Hefe hineingeben. Den Zucker darüber streuen, Salz und Frischkäse an den Rand geben. 150 ml lauwarmes Wasser dazugießen und alles mit den Knethaken eines Handrührgeräts oder einer Küchenmaschine zu einem glatten Teig verarbeiten. Diesen mit einem Tuch abgedeckt an einem warmen Ort etwa 30 Minuten gehen lassen, bis er sein Volumen fast verdoppelt hat.

2 Inzwischen für den Belag die Zwiebeln schälen und in feine Streifen schneiden. Das Öl in einer beschichteten Pfanne erhitzen. Die Zwiebeln darin glasig dünsten und mit Salz und Pfeffer kräftig würzen. Den Backofen auf 200 °C (Umluft 170 °C; Gas Stufe 3) vorheizen. Ein Backblech mit Backpapier auslegen.

3 Den Teig durchkneten, in 8 gleich große Portionen teilen und diese nacheinander in etwa 20 cm lange Stränge ziehen. Die Stränge auf einer bemehlten Arbeitsfläche schneckenhausartig aufrollen und auf das Blech setzen. Auf jeder Schnecke etwas Zwiebelmasse verteilen. Die Schnecken abgedeckt weitere 20 Minuten gehen lassen und dann im Ofen auf der mittleren Schiene etwa 20 Minuten backen.

Alphabetisches Rezeptverzeichnis

Rezeptverzeichnis nach Kapiteln

Suppen, Salate & kleine Gerichte

Fleisch- und Geflügelgerichte

Fischgerichte

Gemüsegerichte

Süße Hauptgerichte

Dieses Buch wurde auf chlorfrei gebleichtem und säurefreiem Papier gedruckt.

Der Text dieses Buches entspricht den Regeln der neuen deutschen Rechtschreibung.

ISBN 3 8094 1494 8

Umschlaggestaltung: Ulrich Klein, Wiesbaden
Layout: Anette Vogt, redsign, Stuttgart
Redaktion: Birgit Hinsch
Redaktion dieser Ausgabe: Anja Halveland
Fotos: Carsten Eichner, Hamburg: 1 unten, 5, 6, 8 – 14, 16 oben, 17 – 24, 31, 34, 39, 41, 42, 45, 50, 53, 55, 56, 59, 64, 68, 71, 73, 106, 107, 108 – 139; **Klaus Arras, Köln:** 1 oben, 2, 4, 7, 15, 27, 29, 33, 36, 46, 48, 61, 62, 67, 74, 75, 76 – 105; **Jan C. Brettschneider, Hamburg:** 16 unten

Druck: Neografia, Martin

Printed in Slovakia

27540101+27550101+27560101+27570101X817 2635 4453 6271